「助けて」が言えない 子ども編

松本俊彦 編

日本評論社

はじめに

正直に告白すると、私たち大人は自分たちの一〇代を忘れている。決して記憶喪失になったわけではない。出来事の事実はちゃんと覚えている。しかし、みずからの一〇代を覆い尽くしていた、不格好で陰鬱な空気感が、いつのまにか記憶から姿を消しているのだ。かつては、あまりの重さで背骨がたわみそうなほど肥大した自意識を背負い、自身の存在価値を疑いつつ世界を呪っていたはずなのに、その部分が蒸発したように消えてしまい、爽やかな青春物語へと改竄された感じがする。

まるで選択的な健忘症だ。

私たち大人がいつも子どもに対してピント外れの助言をし、我知らず自分たちが望む子ども像を押しつけるのは、そのせいではあるまいか？

たとえば、学校における自殺予防教育がそうだ。

思えば二〇一八年、国は学校における自殺予防教育として「ＳＯＳの出し方教育」を実施する方針を打ち出した。しかし、そんな教育で簡単にＳＯＳを出せるようになるほど、子どもたちは無邪気ではないし、安心してＳＯＳを出せるほど社会が安全ではないことも知っている。

実際、社会の至るところに「弱さ」に不寛容な文化がはびこっている。うっかり自身の弱さ、あるいは無知や無能力をさらけ出せば、嘲笑や叱責を受けかねない緊迫感は、少しも払拭されていないだろう。そのよい証拠に、学校は、「ＳＯＳを出していいんだよ」と猫なで声でささやきながら、それと同じ口で、「レジリエンス＝折れない心を育む」といった、「折れなさ」「強さ」を美徳とするメッセージを声高に叫んでいるではないか？

大人たちはこうした矛盾にあまりに無自覚かつ鈍感すぎる。その意味では、自殺予防教育を提供すべき相手は、子どもではなく、子どもを支援する大人のほうだったのかもしれない。

実際、「あのぅ……」というおずおずとした小声の訴えや、一瞬だけ小さく手を挙げるといったしぐさを見逃さず、援助希求として感知できる大人は、この数年でいったいどれだけ増えただろうか？あるいは、リストカットや市販薬のオーバードーズを、単なる「厄介な問題行動」「人騒がせな無法行為」と見なすのではなく、子どもなりの自己救済の試み、もしくは、ＳＯＳのサインとして受け取ることのできる大人は、いまの社会にどれだけいるだろうか？

残念ながらかなり心許ない。

もちろん、大人の側にも同情すべき事情がある。大人が子どものＳＯＳに気づけなかったり、感情的に善悪をジャッジしたりしてしまうのは、大人が余裕を失っているせいなのだ。

学校現場を眺め渡してみればよい。もはや教師はいっぱいいっぱいだ。文部科学省の調査によれば、いわゆる公立の小中高校、特別支援学校などの教職員の「メンタル休職者」の数は、令和三（二〇二一）年度には過去最多を記録している。

おそらくこれは学校に限った話ではあるまい。児童福祉機関や保健行政機関、あるいは医療機関にだってあてはまるはずだ。

子どもの支援だけでは足りないのだ。これまでの自殺対策に欠けていて、そして、いま現在必要とされているものは何か？　それは、子どもを支援する大人への支援であろう。それが欠けてきたからこそ、「ＳＯＳの出し方教育」以降、皮肉にも子どもの自殺がますます加速してきたのではあるまいか？


話を選択的健忘に戻そう。

なるほど、私たち大人はみずからの一〇代における屈託を健忘している。しかし、一つ断言できるのは、一〇代から人生をやり直せるような魔法を授けられたとしても、絶対に固辞するだろう、ということだ。二〇代以降なら話は別だが、一〇代だけは勘弁してほしいと思う。

要するに、それくらい一〇代は過酷な季節なのだ。

そんな子どもたちのために健忘症の私たちにできるのは、せめてその季節を乗り切れるようにと、できるだけの知恵と方策を提供することであり、同時に、子どもたちを支援する大人にも同じように知恵と方策を提供することだ。

本書の企画はそこから出発した。前半に、大人の支援者向けの文章を、そして後半には、当事者である子ども向けの文章をそれぞれ配し、子どもと、子どもを支援する大人の双方を支援できる本になったと自負している。

本書は、『「助けて」が言えない――SOSを出さない人に支援者は何ができるか』（日本評論社、二〇一九年）の続編、子どもに特化した各論と位置づけられる。

今回もまた、まずは『こころの科学』の特別企画（二二六号、二〇二二年一一月号）として世に問い、好評を確認したうえで、新たな章と座談会を追加して書籍化へと進めた。寄稿いただいた執筆者たちはいずれも、かねてより編者が「この人と一緒に本を作りたい」と切望してきた第一線で活躍する実践家ばかりだ。一読いただければ、文章からものすごい熱のほとばしりを体感できるはずだ。

末尾になったが、日本評論社の編集者、木谷陽平氏に深謝したい。氏はいつも絶妙なタイミングですばらしいチャンスを与えてくれるが、今回もまた例外ではなかった。

本書が、悩める子どもたち、そして、子どもの支援にかかわるすべての人たちに届くことを願ってやまない。

松本俊彦

「助けて」が言えない 子ども編　目次

I

「助けて」が言えない子どもたちにどうかかわるか
——支援者へのメッセージ

1 大人は子どもの「助けて」を受け止められているか？

――「ＳＯＳの出し方教育」の中で見えてきたこと

髙橋聡美　一般社団法人髙橋聡美研究室

はじめに

二〇一六年に自殺対策基本法が改正され、学校において「困難な事態、強い心理的負担を受けた場合等における対処の仕方を身に付ける等のための教育」、いわゆる「ＳＯＳの出し方教育」が行われることとなった。それまで横ばいであった児童生徒の自殺者数は二〇一七年以降、増加傾向となり[1]、二〇一八年一月には、同教育の推進を求める通知が文部科学省と厚生労働省の連名で発出されている。[2]しかし、現在も、ＳＯＳの出し方教育の実施に至らない学校が多い。本稿ではＳＯＳの出し方教育がなかなか進まない要因と、ＳＯＳを受け止める側の課題について述べる。

SOSの出し方教育の現状

SOSの出し方教育については、大まかな枠組みと三つの地域のモデル例は示されたものの、「誰が」「どの学年に」「どのような内容を」教育するのかという具体的な内容は国から示されず、そのため現場が混乱することとなった。自殺予防教育は全国画一的に実施するものではなく、地域に合わせて行われるのが望ましいということは理解できるものの、カリキュラムや教材の提示、講師の派遣などの支援なしに新たな授業を行おうとすれば、教える側の負担が増えることになる。教師自身、SOSの出し方教育を受けた経験はなく、その指導法について学ぶ機会も与えられていない。そのため各自治体（各都道府県・市町村）、教育委員会はゼロから計画策定をしなければならず、このことがSOSの出し方教育が進まない最大の要因であると考える。

加えて、「自殺」というテーマを授業で扱うことは教師にとって心理的にハードルが高く、どのように伝えたらよいのかわからないのが実情である。「児童生徒の自殺予防に向けた困難な事態、強い心理的負担を受けた場合等における対処の仕方を身に付ける等のための教育の推進について」の通知［図表I-1-1］では、保健師、社会福祉士、民生委員等を活用することが有効とある。保健師による巡回授業は実現可能と思われるが、ここ数年は新型コロナ感染対策で保健師業務はパンク状態である。また、社会福祉士や民生委員はメンタルヘルスに関する講義をする役割を本来は担っていないので、活用するにしても、カリキュラムや教材をもとに実施してもらうのが現実的であろう。いずれにしても、これらの人材を

SOSの出し方教育の講師にするには何らかの支援が必要である。

筆者は全国の自治体や教育委員会の要請を受け、小・中・高等学校等でSOSの出し方教育の授業をしている。SOSというと「死にたい」との訴えをイメージするかもしれないが、「死にたい」というレベルのSOSが発せられる段階では問題が複雑化していることが多く、介入が困難となる。児童生徒の自殺の原因を見ても、学業問題や家族関係などとても身近な問題が多くなっていることから[3]、「小さなことでもよいので、困りごとのレベルでSOSを出してほしい」と子どもたちには伝えている。

昨今、レジリエンスという言葉が「折れない心」などと解釈され、この「折れない心」を育てる教育が取り上げられている。しかしレジリエンスとはむしろ困難な状況に適応していく力のことであり、こころが折れた時に立ち上がり、生活を再構築していくというのが本来の意味である。「折れない心」の教育は、「くじける人はダメな人間」「弱音を吐いたらダメ」という価値観をもたらし、SOSを出せない土壌を作ってしまっているように感じる。もちろん、粘り強さは人を成長させるであろうし、頑張った後の達成感は人生の中で必要な経験だろう。しかし、人は失敗もするし、くじけたり落ち込んだりもする。どんなに努力をして自分らしい人生をつかみ取っても、ある日突然、災害や事故や病気などで、思うようにいかなくなる挫折を経験することもある。そこで筆者は子どもたちに、「人のこころは折れるものです」と伝え、折れた時に立ち上がる力が大切であることや、やり直しがきくこと、そして誰かに相談できることが生きていくための力になることを話している。

図表I.1-1　文部科学省による自殺予防教育に関する通知の概要（文献3より抜粋）

以下に掲げる留意事項及び各学校や地域の実情を踏まえつつ、各教科等の授業等の一環として、SOSの出し方に関する教育を少なくとも年1回実施するなど積極的に推進すること。

1. 実施に当たっては、保健師、社会福祉士、民生委員等を活用することも有効であること。
2. 実施の際には、「24時間子供SOSダイヤル」や「チャイルドライン」などの相談窓口の周知を行うことが望ましいこと。
3. 児童生徒の発達段階に応じた内容とすることが重要であることを踏まえ、各学校の実情に合わせて教材や授業方法を工夫することが考えられること。
4. SOSの出し方のみならず、心の危機に陥った友人の感情を受け止めて、考えや行動を理解しようとする姿勢などの傾聴の仕方（SOSの受け止め方）についても教えることが望ましいこと。
5. 同教育は、厚生労働省の「地域自殺対策強化事業実施要綱」の「普及啓発事業」や「若年層対策事業」に該当するとともに、「地域特性重点特化事業」にも該当し得るため、積極的に本事業を活用するよう周知されたいこと。

ＳＯＳを出せない背景

全国の学校での授業の後、「誰かに頼らず自分でちゃんとやらないといけないと思っていた」という感想が多く寄せられる。つらい思いを吐露すると、親は「そんなこと言わないで」と狼狽するし、教師には「そんなことでくじけたらダメだ。頑張れ」と叱咤激励されるという。「親に心配をかけたくない」「先生の評価を下げたくない」など、大人の反応を気にして弱音を吐けない子どもが多いことを痛感している。実際、大人は子どもが弱音を吐くと「今どきの子どもは打たれ弱い」と評価するし、困りごとの相談がないと「ＳＯＳを出さなくて困る」と言う。このダブルバインドもまたＳＯＳを出すことを阻む要因といえよう。

弱音を吐くのは根性がないからだと思っている大人も一定数存在する。子どもは身体的な疾患では学校を休めても、精神的疲労で休むことは「弱い」と非難されるため、「疲れた。休ませて」と言える状況にない。また、欠席日数が多くなると評価が下がるのも日本の教育の現状で、進路などにも影響を及ぼすため、子どもたちは休むことを恐れ、罪悪感さえも抱く。大人の働き方はフレックスタイムやテレワークなど多様性が容認される中で、子どもたちの学習機会の多様性については、理解がなかなか進まない。学校に通わないとダメだという価値観は、学校という集団になじめない子どもから学習機会を奪いかねない。

ＳＯＳの出し方教育の感想として「これからは一人で悩まずに相談しようと思います」というものが

非常に多く、授業後は子どもたちが困りごとを教師らに相談するようになったという学校からの報告も多数受けている。「困ったら相談していい」、そんな当たり前のことをタブーにしてしまったのは、私たち大人の振る舞いや価値観だと感じている。

ＳＯＳの出し方教育の際、高校生を対象に「困りごとがある時に誰に相談するか」を複数回答で尋ねたところ、「面識のないＳＮＳ上の知り合い」と答えた人が約二割を占めた。日常生活の中で誰かに相談するとさまざまな不利益や心理的葛藤が生じるので、知らない人のほうが気楽に話せるのかもしれない。一方でＳＮＳの世界は匿名性が高いぶん、寛容性に乏しく、ひとたび非難の対象になると激しいバッシングを浴びる。ネット上が子どもたちの居場所になっている場合もあるが、そこは安心・安全な場所とは限らず、周りの大人から見えにくいという点で、ネットに絡む困りごとは把握しにくく、子どもは一人で悩みを抱えることになりがちだ。

「困った子」への罰則的対応の問題

子どもたちの中には、言葉で困りごとを表現できる子どももいれば、表現できない子どももいる。さまざまな感情や行動で表す子どももおり、一見、困りごととわかりにくく、「問題行動」と捉えられてしまいがちだ。周りに心配をかけないように、リストカットや風邪薬のオーバードーズなどの自己対処で何とか踏ん張ろうとする子どももいる。それらの行動が大人たちの知るところになると問題行動（問題のある子）と認識される。そうした行動を、本人が「家族には内緒にしていてほしい」と訴えるにもかかわらず、学校が保護者に報告することはよくある話で、結果、子どもが学校を信じられなくなり不登校となったり、自傷が自殺未遂へとつながっていくケースも多い。さらに「リストカットのある間は登校禁止」など、子どもにとってはペナルティとも思える対応をする学校もある。

　子どもが「親に言わないでほしい」と訴えているにもかかわらず保護者に報告することについて、学校側のよくある言い分は「何かあってからでは遅い」というものである。その自傷行為が明らかな自殺未遂であれば、すぐにでも家庭と連携しつつその子の命を守ることが大切であろう。しかし、そうでない場合、本人の信頼を裏切る不誠実な対応はむしろ「何かが起きるリスク」を高める。考えてほしい、あなたがうつ病になり、「仕事に支障がないようにするから、周りには言わないでほしい」と上司に伝えた時、その上司が病気のことをあなたの同意なく周囲に暴露したなら、それは今の時代、コンプライアンスの問題である。大人にしてはならないことを、子ども相手ならしてよいという道理はない。

　たとえ報告する相手が保護者であったとしても、保護者が子どもにとって安全な存在とは限らない。親に報告することが子どもに害をもたらすことも生じうるのである。「親御さんとも共有して一緒にあなたを守りたい」と率直に伝えた時、「言わないでほしい」と本人が言ったなら、保護者に伝えた場合に予想される困りごとを尋ね、本人にとって安心で安全な環境を作ることが大切である。問題行動への懲罰的な対応や本人の同意がない保護者への報告は、これまでの「当たり前」だったかもしれない。しかし、子どもの人権という観点から、この「当たり前」を再考してほしい。そして、ＳＯＳは言葉だけではなく、大人から見て問題行動と思える形でも出されるという視点も忘れないでほしい。困った行動をする子どもたちに必要なのは叱責や罰、排除ではなく、その行動の背後にある困りごとや生きづらさを理解しケアしてくれる人や環境である。問題行動と思える出来事に遭遇したら、それをその子を理解するための糸口にしてかかわってほしい。困った出来事（ピンチ）は子どもを理解するチャンスなのだ。

ＳＯＳを受け止める側の限界

教師の役割は各教科を教えることだけではなく、部活動指導、進路指導、生活指導、保護者面談など多岐にわたる。他国ではそれらは分担され、部活動専門、キャリア指導専門の教員が配置されることが多い。子どもの悩みを聴くことはスクールカウンセラー（ＳＣ）が担うべきところ、ＳＣは月に一、二回しか来ないという学校が多いのが日本の教育現場である。

子どものＳＯＳを受け止める教師は多忙を極め、そのうえに専門外である子どものメンタルヘルスまで担うのは過重である。「困った時はいのちの電話やチャイルドラインなどに連絡を」とよく提示されるが、まずは身近な場所に、話ができる存在を確保すべきである。メンタルヘルスについてはＳＣにつなげられるよう、ＳＣを少なくともすべての中学校に常勤で配置するなどの対応が必要だと筆者は考えている。「ＳＣを配置したらどれくらい効果があるのか費用対効果を示せ」とよく言われるが、既存の電話相談やＬＩＮＥ相談でも、何人の子どもの自殺を防げたかなどを数字で表すのは不可能であろう。

費用対効果を検証している間にも子どもたちは自殺で亡くなってしまうことを考えると、メンタルヘルスの専門家を身近に配置することは急務である。そのことは、子どもにとっても支えになるし、ＳＯＳの受け手である教師のサポートにもなる。

家庭に問題がある時などは、子どものメンタルケアだけではなく、ソーシャルサポートが必要な場合がある。スクールソーシャルワーカー（ＳＳＷ）など、子どもやその家族を社会資源につなげるソーシャルワークができる人への支援が必要である。

子どもとその家族をみる際、私たちは、「親なのだから○○して当たり前、できて当たり前」と、「あるべき姿」を求めがちだ。しかし、その当たり前ができない親もいる。「親なのになぜできないのか」「親なのだから愛情があって当然」と、何か問題が生じると親を責める風潮が世の中にはある。生きづらさを抱えた親は自分のことで精一杯で、子どもの面倒を十分にはみられないこともある。「親なのだからできて当たり前」を押しつけた結果、親は追い詰められる。そうして虐待死などのさまざまな惨事が起きているのだと感じる。生きづらさは世代を超えて連鎖しがちである。ケアを受けないまま親になった人たちにも、叱咤激励や綿密な指導より、手当てが必要なのである。

また、一見、養育に問題のない親や教育熱心と思われている親でも、「できない親」と評価されないように、困りごとを隠していることもある。結果、周りに相談できずに子どもの問題を抱え込んで、家族ごと孤立することにもなりかねない。

学校も家庭も子どもにとって必ずしも安全な場所とは限らず、また大人たちも支援を必要としているという意味において、子どもを支える教師、SC、保護者も、誰かにSOSを出せることが大切だと感じる。

おわりに

子どもたちは失敗したりくじけたりした時に「努力が足りないからだ」と叱咤され、「もっと頑張れ。踏ん張れ」と激励される。もうこれ以上は無理だと思っても、「頑張れ」と言われ休ませてもらえないのである。学校を休むことへの罪悪感や、評価が下がり進学に影響することへの恐怖もあり、子どもたちは「学校を休みたい」という弱音さえ吐けない状況に置かれている。

SOSの出し方教育を受けて、誰かに相談をしてみようと考え、勇気を出して相談した結果、受け入れてもらえなかったという経験をすると、子どもは絶望に陥り、かえって逆効果になってしまう。SOSの出し方教育以前に、SOSを出しても安心で安全な環境を作っていく必要がある。そのためには私たち大人が、子どもたちにとって「どんな自分をさらけ出しても、安心で安全な他者である」ということが必須条件であると思う。

子どもたちだけではなく、大人もまた「ちゃんとした教師でなければ」「親なんだからできて当たり前」などのプレッシャーの中で、できない自分を表出しにくい。そういった意味では社会全体が不寛容で批判に満ちていて、安心ではないように感じる。

自殺予防活動をする中で痛感するのは、自殺対策に特効薬はなく、地道な取り組みを積み重ねていくほかないということである。また、遺書を用意することが自殺のサインであるなどとよくいわれるが、逆に「遺書を書いていないから自殺はしない」ということは絶対にない。何が自殺のサインなのかと、人は答えを求めたがるが、今までと何ら変わりなく元気だった子どもがある日突然自殺してしまうということもある。自殺の典型的なサインにとらわれ過ぎる結果、日々の何気ない変化を「大丈夫だろう」とスルーしたりもする。小さなことでもいいからＳＯＳを出してもらい、目の前の問題から確実に解決し、自殺を防いでいけたらと願う。子どもの自殺は大人の責任にほかならない。一刻も早い、ＳＯＳを受け止められる体制づくりが望まれる。

（たかはし・さとみ／精神看護学）

2

「助けて」の代わりに自分を傷つけてしまう心理

――「自分でなんとかしなくては」から「言葉にならないままつながれる」への転換

山口有紗
子どもの虐待防止センター／国立成育医療研究センター

――え。っていうか「助けて」って言ったら何か変わるの？

〝「助けて」が言えない〟というテーマを、いままさに自分を傷つけている子どもが目にしたら、こんなふうに言うかもしれない。

もしも、「助けて」と言われたら。

「助けて」と子どもに言ってもらうことが目的なのだとしたら、その先に、ちゃんと救いがないといけない。わたしたちにはその覚悟があるだろうか。

筆者は児童相談所に勤務している医師である。児童相談所にやってくる子どもたちは、自分を傷つけていることが多い。手首や太ももなどを切る、毛を抜く、皮膚をむしる、食べて吐く、市販薬をたくさん飲む、複数の人と安全でない性交渉をするなど、方法はさまざまである。子どもたちの言葉を紹介したい。

「大人は話を聴いてくれない。話しても何も変わらなかった」

「学校に行きたくなくて体調崩した。でも保健室に行っても教室に返されるし、家に帰っても『学校戻れ』って怒られるようになった。自分でなんとかするしかないって思った」

「楽になる方法を検索したらリスカとかＯＤ（過量服薬）が出てきたからやってみた」

「リスカが見つかって、親に『なんでこんな子になっちゃったんだろう』と泣いて怒られた」

「先生が家にバラして、傷がないか毎日脱がされて監視されて干渉されるようになった」

「カッターを勝手に捨てられた。隠れて夜に切るようになった」

「（一時保護所で）自傷できないからすごくしんどい。どんどんうつになる」

「歌舞伎町に行くのは、リスカとかパパ活とかしていても、否定しないで、『がんばってる』って認めてくれるから。それ以外の居場所はない」

「『なんでも相談してね』とか言う大人が一番信じられない。相談しても決めつけるだけで動いてくれないくせに」

子どもたちが教えてくれることにはいくつかの共通点がある。第一は、自分を傷つけることは生き延びるための手段としてその子がなんとか探し出したものだということである。そのため、自傷は孤独な自己治療の方法として刹那的に機能している部分がある。第二は、子どもたちはもともと「助けて」と言えなかったわけではなく、生きている過程で「助けて」と言えなくなったということである。過去に「助けて」「しんどい」と言ったりサインを出したりしたけれど、気づいてもらえなかった、あるいは逆に傷ついた経験がある子どもは、「自分でなんとかするしかない」と考えるようになる。とくに、自分を傷つけていることに周囲が気づいたとき、こころない対応をされたことで、さらに「やはり自分でなんとかする以外に方法がない」「身近にいるリアルな人は助けてくれない」という思考にはまっていく。「助けて」と言う代わりに自分を傷つける子どもたちは、「助けて」のその先を、そもそも信じられなくなった子どもたちなのかもしれない。

「自分を傷つける」とは

自分を傷つける、とはどういうことか。医学的には、「自傷行為」と呼ばれる行動がある。自傷行為は死ぬことを目的とした自殺行動と、そうではない（死ぬことを必ずしも意図していない）非自殺的な自傷行為に分けられる。両者は切りはなせるものではなく、自傷がある場合の将来の自殺のリスクは五〇倍とも数百倍ともいわれ、[1,2] 自傷行為のあった子どもの約二割がその後自殺未遂をしたという報告もある。[3]

本稿では、「助けて」の代わりに慢性的に自分を傷つけながら生きている子どもたちのこころを理解する、という今回のテーマに則して、主に非自殺的な自傷行為に焦点を当てたい。

狭義の自傷は身体の表層を傷つける（切る、焼くなど）に限られているが、定義によっては、過量服薬や摂食障害など間接的に自分を傷つける行為を含む場合もある。安全ではない性行動や夜間の家出など、みずからを危険に晒す行動も、筆者には広い意味での自傷行為のように思われる。

自分を傷つけている子どもはどのくらいいるのか

自分を傷つけることは、特殊な子どもに起きる特殊なできごとではない。研究によりばらつきはあるが、世界的には一七％の思春期の子どもが、何らかの自傷行為を試みたことがあるという。[4] より低年齢の子どもの自傷も稀ではないことがわかってきていて、たとえば最近の研究では、希死念慮のある思春期前の子どもは一五・一％、自傷行為のある子どもは六・二％であったという報告もある。[4]

日本でも、中高生の自傷の生涯経験率は一〇～三〇％ほどであるといわれ、[5] コロナ禍での子どもの様子を調べた全国調査では、小学校五～六年生の一六％、中学生の一三％が、直近一週間に実際に自分のことを傷つけたと答えており、数％は毎日自傷をしていた。[6]

なぜ自分を傷つけるのか

自傷する理由はもちろん子どもによって異なるが、当人たちの声を聴くことなしにはその理解に近づけない。子どもたちは「一瞬楽になる」「やなこと忘れられる」「イライラするから」「ハイになる」「記憶がなくて気がついたら切ってる」「わかんない、暇だから」「反省会」など、自傷にはいろいろな機能があることを教えてくれる。YouTubeなどのメディアにも、自傷を経験したかつての子どもや青年たちが動画などを作成してくれていて、「自分への罰」「見えない痛みを傷にして可視化するため」「言葉にならない気持ちをぶつけるため」などの効果について言及し、「自傷は生きるための手段だから取り上げるのは死ねと言っているのと同じ」だと大人に警鐘を鳴らす投稿もある。

こうした言葉は、一部の子どもから発せられる極端なデタラメではない。実際に、自傷が子どもたちの生存にとってどのような役割を果たしているかの学術的な研究は複数ある。それらによれば、自傷行為には「否定的な気持ちや考えを和らげる」「対人関係の問題を解決する」などネガティブなものをゼロに近づけようとする試みと、反対に、肯定的な気分というポジティブな状態を生み出す努力という二つの方向の期待がある。ただし後者のポジティブな方向についても、「痛みでもいいから何かを感じる」「自分を罰した満足」など、一般的なイメージでいうポジティブさとはやや意味合いが異なる。

また、近年はＳＮＳなどの普及によって、子どもたちが社会的学習として自傷という手段を習得しやすく、それがそのコミュニティの中で広がり受け入れられやすいという側面もあるだろう。いずれにしても、子どもたちにとって、自傷はしんどい中で生き延びようとする孤独な努力なのだということを理解する必要がある。

どのような子どもが自分を傷つけるのか

自分を傷つける子どもたちは、言葉にできないいろいろな気持ちを抱えている。よく知られているものとしては、希死念慮、抑うつ、不安、トラウマ性のストレス、怒り、寂しさ、孤立感、絶望感などがある。実際にうつ病や不安障害、トラウマ関連障害などの診断がついている子どももいるし、診断がつくレベルの精神障害が背景にあるが未診断で、精神的な苦痛が自傷として表出されていることもある。[7]

虐待、ネグレクト、家庭内の暴力や家族の精神疾患のような子ども時代の逆境体験が自傷のリスクになることは広く知られており、逆境体験の数が積み重なるほど、自分を傷つける子どもが多い。[8,9] こうした環境に置かれると、子どもたちは気分の落ち込み、自責の念、世の中へのネガティブな認識、イライラや体調不良などさまざまな症状に悩まされることになる。過去・現在の体験や環境に振り回され、無力感に苛まれるうちに、自分のこころ・身体・感情の制御すら失っていくようになる子どももいる。こうした調節不全の状況において、唯一自分がコントロールできる手段として、自傷が機能することも少なくない。反対に、家族のサポート、家族や友人との良好なコミュニケーション関係や学校の文化、地域でのサポートなどは保護的に働く。[3]

なぜ自傷を続けるのか

子どもたちの多くは、一度きりではなく、何度も繰り返し自分を傷つける。その背景には、上記のようなそもそものつらい要因が取り除かれずに続いている、あるいはベースにある精神疾患が適切に発見・治療されていないために自己治療以外の手段をもたないという場合もあるだろう。他方で、自分を傷つける行為そのものにある種の依存性、嗜癖の側面があるという議論もある。どうしても自分を傷つけるその行為をしたいという強い衝動、次第に効果が薄らいで程度がエスカレートすること（耐性）、やめても再発しやすい点などは嗜癖と類似していて、ある調査では自傷行為の経験者の約一七％がこうした嗜癖の側面について語り、自傷が嗜癖として存在している人はより深刻な自傷や自殺企図のリスクが高かった[7]。

一方、自傷をしていたけれどやめた子どもたちに話を聞くと「気がついたら必要なくなった」「やめるタイミングが自然に来た」「環境がよくなった」「いろんな人に話を聞いてもらって死にたい気持ちが減った」などの声があがる。上記のような要因が減っていき、自分の心身がなんとなく制御可能なものとして実感されたり、環境変化や周囲からのサポートを具体的に感じ続けられたりすると、子どもの中に自然に「なくても生きられる」感じが出始めて、自傷をゆるやかに手放していくのかもしれない。

しんどいって言えない

子どもたちの多くは直接的に助けを求めない。実は、「助けを求める」プロセスは単純ではなく、まず、自分のしんどさに気がつき、助けが必要であると判断し、相談する人が思い浮かび、助けを求めようと決断して、自分の想いを言語化し、さらに相手から差し出された「助け」を受け止め咀嚼しなくてはいけない。

ある研究では、自傷行為をしている思春期の子どものうち、自分が深刻な問題を抱えていると考えていたのは七四%だったが、実際に誰かに助けを求めたのはそのうちの二六%にとどまり、助けてほしいと思いながら助けを得ようとしなかった子どもが最も多く四四%であった。

無視できないのは、そもそも「助けてほしいと思わなかった」と答えた子どもが三〇%もいることである。ただしこの研究で、自傷はないがしんどさを自覚している子どもでも、助けてほしいと思ったが助けを得ようとしなかったのは二〇%程度で、そもそも助けてほしいと思わなかった子どもも半数近くであったことは興味深い。自傷の有無にかかわらず、子どもたち全体の中で、「問題があっても助けを求めない」という傾向があるのかもしれない。

日本のコロナ禍での調査で、子どもたちに、深刻なうつ状態にある「太郎くん」のエピソードを読んで質問に答えてもらうと、九五%の子どもが、客観的に見れば「太郎くんは助けが必要な状態」だと感じたのにもかかわらず、もしも自分がその状態だとしたらどうするかという設問には、小学五〜六年生の二五%、中学生の三五%が「誰にも相談しないでもう少し様子を見る」と答えた[6]。

さらに、抑うつ状態にある子どもほど相談する割合は低く、相談しないと答えた子どもほど、「気持ちを表現できなさそう」「真剣に聞いてもらえなさそう」と答える割合が高かった[10]。また、別のアンケート調査では「自分を傷つけている子どもに対して大人には何ができるか」の設問に対して、実際に自分を傷つけている子どもほど「わからない」「何もない」と答えている割合が有意に高かった。[11] 子どもたちにとっては、大人から差し出される「助け」への期待値が低いということがわかる。

「しんどい」という自分の気持ちすらわからなくなり、感じられなくなっているような子どもたちに出逢うこともある。とくに、繰り返しの虐待やいじめなどのトラウマを体験している子どもたちの中には、自分の気持ちを切り離して感じないようにすることが生き延びる手段となっている場合もある。それが周囲からは、困っていないように見えたり、助けを求めていないように感じられたりするのかもしれない。

「助けて」と言える相手は

自傷をしている子どもほど、つらいことを話せると思える相手の種類が少ないといわれている。[12] では誰が相手であれば話せるのかというと、友だちが最も多く、教師や家族には話せないと感じている子どもも多い。[13] 自分を傷つける前に誰かに相談した子どものうち、四割は友だちに相談していて、家族に相談した割合は一割にも満たず、教師や専門家はさらに少ないという報告もある。[12] 家族間の葛藤を抱えている場合には、家族には面と向かって「助けて」とは言えず、自傷が代替的なコミュニケーションになる場合もあるだろう。

「専門家は話したくないことを聞くだけ聞いて去っていく」「アドバイスとか正論とかはいらないから

ちゃんと最後まで聴いて」「否定しない友だちが唯一話せる存在」と教えてくれた子どももいた。よく知らない他人である専門家から正しいアドバイスをもらうよりも、信じられる身近な友人や大人に「ただ聴いてほしい」というニーズがあるのかもしれない。

今日からできること

これまでいろいろな環境の中で傷つきながら、自分を傷つけることで生き延び、助けを求めようとしても届かない中でもがいている子どもたちに何ができるか、改めて悩んでしまう。「これをしましょう」という答えが書けない。一方で、そこにヒントがあるようにも思う。大人がきちんと「何もできないけれどそばにいる」無力さともどかしさに向き合わなくてはいけないのかもしれない。

「なんでも相談してね」「相談先はここですよ」と、子ども側に援助希求の責任を押し付けて逃げてはいけない。ＳＯＳの出し方教育や、「自殺」と検索すると自動的に表示される「ひとりで悩まず相談しましょう」のメッセージが添えられた電話番号に、必要なのかもしれないけれどなんだか違う気もする、という違和感を抱くのはわたしだけだろうか。ある自傷の経験者は「『相談してねって言ったよね？』というあの感じにたまらなく傷つく。そうじゃなくて、もっとちゃんと一緒に悩んでほしい」という趣旨のことを教えてくれた。「助けてって言っていいよ」という綺麗な言葉で何かやった気にならないことが、前提として大切なのかもしれないと、自戒を込めて思う。

そのうえで、自殺の危険がある人への対応としてよく知られているＴＡＬＫの原則について、自傷を取りあつかう際にも有用だと思われるので、共有しておきたい。

・Tell：言葉に出して心配していることを伝える。「自分を傷つけたいくらい大変な気持ちを教えてくれてありがとう。今のあなたのことがとても心配です」など。

・Ask：「死にたい」という気持ちについて、はっきりと尋ねる。「消えてしまいたいとか、死にたいって思うこともありますか」など。

・Listen：話を聴く。行動の良し悪しを判断して止めようとしたり、命の大切さを説いたりすることは孤独感を増す。どうしてそこまで追い詰められたかの背景を理解することに努める。

・Keep Safe：安全を確保する。差し迫った希死念慮がある、自傷行為がエスカレートしているような場合には、ひとりにしないでできるだけそばに寄り添い、専門機関などに援助を求める。

自傷や自殺について話をするのは危険なことではない。むしろ、子ども自身が、自傷行為や死にたい気持ちを打ち明けてもなお、否定されずに受け止めてもらったという感覚をもつことが保護的に働く。

やってはいけないこと

自分を傷つける子どもに対してやってはいけないことを周囲の人たちが共通認識としてもっておくことはとても大切である。まずは、自傷を見つけたり打ち明けられたりしたときに、頭ごなしに叱ったり説教をしたりしないことである。それは子どもたちの「助けて」を封じ込めてしまう。熱心な人ほど、あるいは子どもを心配している人ほど、話を聴いたときに「何か役立つことを言わなくては」「解決策を提示しなくては」と急いでしまう。すると、子どもの行動や認知をその人の基準で評価してしまったり、子どもの気持ちを十分に聴く前に介入策を提案してしまったりするかもしれない。あるいは、子どもが何も話してくれないので、沈黙に耐えきれずに、何かアドバイスをしようとしてしまうかもしれない。

でも、自分を傷つけている子どもたちが求めているのは評価や指導ではない。言葉にならない気持ちを抱えているこのしんどさに、一緒に留まってくれる存在である。曖昧なまま留まるのは楽ではないけれど、「助けてって言ってね」から、「助けてって言えないよね、でもつながっていたい」への転換を図りたい。

「しんどいって言えない」を受け止める文化をつくる

おそらくこれを読んでくださっているのは、自分を傷つける子どもたちのこころの動きに関心と理解のある方たちなのだと思う。子どもたちがたまたまみなさんに出逢ったら、それはラッキーかもしれない。けれども大切なことは、子どもたちがたとえ誰に相談しても、自分を傷つけていることを誰に見つかっても、偶然ではなく一様に、子どもたちが受け止められる文化を醸成することである。筆者が研究員をつとめる国立成育医療研究センターでは、自分を傷つける子どもたちが非常に多いという事実を受けて、子どもたちと周囲の方向けのリーフレットと動画を作成した（https://www.ncchd.go.jp/center/activity/covid19_kodomo/news/selfharm.html）。自分を傷つけている人は傷ついている人であり、しんどいって言えない中でなんとか生き延びようとする力をもっているのだというメッセージを込めている。ぜひご活用いただきたい。

また、前述のように、子どもたちは専門家ではなく身近な人、とくに友だちにサインを出していることが多い。子どもたちが、友だちの自傷を見つけたり相談されたりしたときにどうしたらいいかがわかるように、また、その子ども自身も周囲を頼ることができるように、予防的なメンタルヘルスの教育を学校や家庭において行うことも必須である。

自分の痛みにも気がつくこと

傷ついている人と一緒にいると、自分も傷つくことがある。自分が体験したわけではないけれどその人と同じような心身の症状が出ることや、眠れない、食べられない、イライラする、頭から離れないなどの不調によって日常生活に影響をきたすこともある。これは代理受傷や共感性疲弊などと呼ばれていて、決して稀なことではない。これを読んでくださっている方ご自身の中にある痛みや、「しんどいって言えなさ」にも少し気がつくこと、そして小さな助けを誰かに求めること。大人が援助希求をして助けられている様子を示すことも、わたしたちが子どもたちに対してできることのひとつかもしれない。

子どもたちはもう十分に「助けて」と言っている

子どもたちはもともと「助けて」と言えなかったわけではない。小さな声で、自分を傷つける以外のサインで「助けて」と言っていたけれどそれが受け止められず、つらい環境が変わらないことに失望して、自己解決の手段を選び続けているだけかもしれない。自分を傷つけている時点で、彼らはもう十分に「助けて」と言っているように思う。子どもの援助希求を促す前に少し立ち止まり、むしろ大人側が、すでに発せられている援助希求を受け止める力を高めていくことこそ、まずは大切ではないだろうか。

（やまぐち・ありさ／小児科学・小児精神医学）

3

「なんで私、こんな苦しいんやろう」と思ったけど

――子どものかすかなSOSへのアンテナ

村上靖彦　大阪大学大学院人間科学研究科

ヤングケアラーについては、二〇二〇年以降多くの自治体が小学校・中学校への調査を行っており、さまざまな知見が集まりつつある。初期の調査ではクラスに五～六％のヤングケアラーがいるという結果が出ていたのに対し、[1] 最近行われた調査では一〇％を超えるものも出てくるなど、調査ごとに数値のばらつきはあるものの、だんだんと割合が高くなってきている。[2] 多くの調査は教師に訊いたものであり、以前は気づかれていなかったヤングケアラーに気づく教師が増えてきたということを示しているだろう。そしてそもそも困難を抱えている子どもは「ヤングケアラー」に限られない。とすると困難を抱えながらも、大人に気づかれないままに隠れている子どもは少なからずいるだろうということでもある。

　では具体的に「どのような背景ゆえに」ＳＯＳを出すことができないのか。困難のその瞬間に子どもは語らないし困難の詳細を自覚してもいないのだから、これは難しい問いである。ヤングケアラーを経

験した二〇代を中心とした人たちへのインタビューのなかで、語りにくさについて触れられた場面を取り上げながら考えてみたい。

誰にも言わなかった

インタビュー当時大学生だったAさんは、小学校のときに母子家庭になり、母、妹、弟とともに暮らしていた。その頃、母親がうつ病から覚醒剤依存になっている。中学一年生のときに母親が逮捕された。その後Aさんは、大阪市西成区にあり、小さい頃からの遊び場で子どものための施設でもある「こどもの里」のファミリーホームに一年間、社会的養護として滞在している。

インタビューのなかでは、ずっと泣いている母親を心配して見守っている記憶を語った。次の場面は覚醒剤を用いている母親を見守っている小学生時代の回想である[3]。

村上　だからその頃って誰にも。
Aさん　言わなかったですね。
村上　誰にもSOS出せないってことでしょ。
Aさん　出せなかったです。『もっと〔こどもの〕里が、気づいてくれたらなんか変わってたんかな』とは思うけど、でも『あのときあの状態でよかったんかな』って思います。ママが捕まって、やっと自分から「実はこうこうこうやった」って話せるようになるっていう、そっちでよかったなって思います。そんときから里が気づいてて、なんかやってくれてるより、そんときの当時の自分やったら、『そっちのほうがよかったんや』と思います。

村上　それはＡさんが自分で、自分の言葉で言えるからってことかな。

Ａさん　そうやと思うし、自分で、自分がつらい思いして生きてるってことを、他人にわかったように言われたくなかったっていうのもあったと思いますね。ほんまに当時の生活は悲惨やったと思います。

一回目のインタビューで気づかなくて「よかった」と語ったＡさんだったが、二回目では再度「気づいてほしかった」と語っていた。つまり両義的な思いのなかで、小学生時代は周囲の大人にＳＯＳを出すことができなかった。

Ａさんの場合はもともと、困難を抱えた家族が多く住む地域で長年子ども支援を続けているこどもの里を居場所としていた。子どもの里は誰もが集う遊び場であり、ショートステイを受け付け、ファミリーホームももつ複合的施設である。周りの大人たちは十分に子どもたちの困難について意識をもっている。困難に巻き込まれた子どもをサポートする体制をすでにスタッフで組んでおり、それゆえに母親が逮捕された瞬間にきょうだいの生活全体を支える環境を整えることもできた。

このように助けを求めやすい環境だったのにもかかわらず、子どもだったＡさんの視点から見ると「助けて」が言えなかったのだ。もちろんこれはＳＯＳを出すと母親が逮捕されてしまうという心配からでもある（同様の理由でスタッフも言い出せない）。子どもにとって、家族への心配、家族がいなくなってしまうことへの不安こそが最優先事項なのである。いずれにしても子どもが経験している状況はとてもあいまいなものであり、そのなかで、そもそも事態を明瞭に言語化することも難しいだろう。加えて周囲の大人に助けを求めることは、家族への気遣いもあいまってさらに大きなハードルとなる。

「助けを求めないといけないような状態じゃない」とは思っていました

同じように高校時代にこどもの里のファミリーホームに滞在した経験をもつ二〇代女性のサクラさんの場合、うつ病の母親との二人暮らしのなかで、母親が睡眠薬の過量服薬で救急搬送される経験を何度もしている。サクラさんは小学生の頃から、緊急電話で救急車を呼び病院に付きそう経験を繰り返してきた。それだけでなく、意識を失っている母親を徹夜で見守ることを繰り返すなかで学校に行けなくなり、不登校を経験している。その頃は、母親に束縛され、支援にはつながらないまま、母親と二人で部屋にこもっていたという。何度目かの救急搬送のときに母親が医療措置入院となり、警察に通報がいくことでサクラさんは一時保護となり、こどもの里に滞在することになった。[3]

サクラさん　子どもなので〔こどもの〕里に出会うまでは自分が置かれている環境っていうの全く分からない。おかしいことだとも思っていない。（中略）どこの家庭も一緒やとは思ってないですよ、『なんで私、こんな苦しいんやろう』と思ったけど、誰かに助けを求めないといけないような状態じゃないとは思っていました。
なんぼ〔生活保護の〕ケースワーカーさんが来て、「お母さん大丈夫？」って言われても、「いや、ご覧の通り、きょうも死のうとしていましたけど」みたいな。舌がずっと回ってなくて。

サクラさんの場合、親を心配して見守るなかで学校にも行けなくなってしまったのであり、「なんで私、こんな苦しいんやろう」と感じる状況である。にもかかわらず、「誰かに助けを求めないといけないような状態じゃない」と感じている。

そしてケースワーカーも、ろれつが回らない母親を目の当たりにしているのにサクラさんを放置している。つまり支援者からも放置されることで、ヤングケアラーであるサクラさんは支援の届かないすき間へと追いやられている。ＳＯＳを出せなかったというよりは、周りの大人が見て見ぬふりをしてＳＯＳとして扱われないケースがあるのではないだろうか。

サクラさんはこどもの里に滞在したことで他の子どもたちの困難を知り、自分の状況も自覚することで、声を上げるという選択肢を学ぶことになる。逆に言うと、同じような困難を見たことがない子ども（すなわちほとんどの子ども）は、自分では声を上げようと思うことはない。

友だちとかには知られないように

あるいは、そもそも子どもは隠したいと思うかもしれない。スッチさんは西成区で活動する子育て支援のベテラン支援者だが、自身が幼少期から極度の貧困のなかで父親をケアしながら育ち、大人になってもサポートしていた。両親が離婚し、借金を抱えた父の家にいたスッチさんのところにサラ金の取り立てがくる。しかし父親自身は不在がちでほとんど家に帰ってこない。[4]

スッチ　で、中学ぐらいからほぼお兄ちゃんと二人の生活みたいな。で、そこにときどき、まあ、借金取りが来たりとかっていうような生活をずっとつづけてはいて。

で、多分、学校の先生も、どこか、小学校ぐらいのときに「大丈夫か？」みたいなんで、担任の先生にも聞かれたことがあるから、なんとなくは知ってたと思うんやけれども、でも、周りには、どちらかというと、友だちとかには知られないようにというか、ていうような生活をしてて。

子どもは、みずからの困難に気づいていたとしても知られたくないと思う可能性も十分にある。このことが、相談窓口を作っただけでは、ヤングケアラーなどの困難を抱えた子どもの支援策としては十分でないように思えることの理由である。みずからＳＯＳを出せない、あるいはそもそも隠したいと思っているという前提のもとでどうしたらよいのかを考えることが、子ども支援の出発点となるのだろう。

スッチさんの場合は社会的困窮が深刻な地域で過ごしたこともあり、制度的な支援も含めてさまざまなサポートを得られたことで状況を切り抜けてきた。隠したいと本人が思っていても、サポートする大人や同じ境遇の友人がいたことで、高校に進学し、支援者としての現在のキャリアにつながったのだ。

かすかなSOSへのアンテナ

私が西成区でのフィールドワークで学んだ対応策はシンプルである。声をかけることと、すべての子どもが集って遊ぶ場所を、困難の有無にかかわらずあらかじめ複数設けることの二つだ。

まず声かけについて、次の男性保育士、西野さんの語りが参考になる。[4]

西野　ある日〔児童館に〕電話かかってきたんですね。で、「うちのアパートのなかに、どうやら、路上で、寝ているような一〇代らしき子がいてるんやけども、先生やったらなんとかしてくれるかな」みたいな電話やったんですね。で、まずは見に行こうと思って、行って、やっぱり、出会ったんですね。その子と。で、その僕が出会ったその一七でした、当時、一七の青年は、僕もね、何日間か、何日間かずっと気になってた少年やったんですよ、町のなかで。

夕方ぐらいになると、小学校の門の周りをうろうろとしている一七歳ぐらいの子がいてて、『この子、学校行ってないのかな』って、午前中もやっぱり見ることもある。なんとなく『気になるな』

と思って、『どのタイミングで声をかけよかな』って思ってた子と、夜、アパートの階段で、寝ている、その子が同じやったんですね。『これは、もう、今日これ、声かけどきや』と思ったので、声をかけさしてもらって、「どうしたの?」って話を聴くと、「いや、実は泊まるところがなくって、このアパートの階段やったら、雨にぬれずにおれるからここで寝てたんです」って話をして、『やっぱり、一七の路上生活っていうのは、これ、問題やな』って、子どもの権利やっぱ、ね、完全に守られてない状況なので。

少年はみずからＳＯＳを出していたわけではない。しかし午前中も街路でぶらぶらし、夜にアパートの階段で雨をしのぐという、そのあり方が潜在的なＳＯＳだ。とはいえ、私だったら少年の姿に疑問をもたなかったかもしれない。西野さんと近所の女性は、少年が窮状に陥っていることに気がつくアンテナをもっている。つまり少年の姿からかすかなＳＯＳを感じ取るアンテナをもっている。

子どもはみずから声を出すことがない、ということが出発点となる。ヤングケアラー相談窓口を作ったとしても子どもみずから連絡することは難しい。周囲の大人が「かすかなＳＯＳへのアンテナ」をもっていることで初めて、なんらかのシグナルをＳＯＳとしてキャッチできる。そしてどんなシグナルが出ているのかはあらかじめはわからない。

「かすかなＳＯＳへのアンテナ」と私が名づけたものが発揮されるために、西野さんは街を歩いて、路上生活者も含めて街の人に声をかけ続けていた。つまり発見するための意志だけでなく、自分自身その土地と人に親しんだときに初めて、かすかなＳＯＳへのアンテナが力を発揮することが可能になる。

子どもの声に応じて支援を生み出す

今から二〇年以上前、こどもの里に通っていたある小学五年生の少女二人が家出がちになった。館長の荘保共子さんは子どもが家出するたびに探し出して家に送り返していた。二人は中学生になるときに来なくなったのだが、三年後にまた顔を出す。この間に一時保護されて児童養護施設に入っていたのだ。高校に進学しなかったために施設から出され、親の行方もわからなくなっていたのでこどもの里を頼ってきたのだった。荘保さんは、就職活動をする少女をこどもの里に泊める。[4]

荘保　二人で仕事を探しに行ってるときに帰ってきてから、すごい勢いで泣き出してですね、もうそれは、すごい勢いで泣き出したんです。その泣き出したそのときに、『いったい、何が？　おかしい、何かが起きた』と思ってね、『うわあ』っと思ってたんですよ。

しばらく経って少女たちは語り始める。

荘保　そして話してくれたんです、何があったか。その家出をしてた女の子、実は、実の父親から性被害を受けてたんです。

だから〔小学生の〕そのときは、そうやって言って「ここに泊めろ」つったからね。で、それを無理やり帰すってのがね（中略）。〔家出したとき〕無理やり家に帰してたんですよ、あの家の女の子。ずっと二年間ね、帰しつづけた。帰しつづけた結果が、結局、要は自分から児相〔児童相談所〕に行って助けを求めたっていう、それが結果だったんやね。だから子どもは、やっぱり自分が本当にしんどいときには自分が家出をするっていうの、よっぽど何か理由があるということですよ。うん。

だからその理由を、やっぱりちゃんと聴くということやね。ちゃんと聴いて、で、わかれへんでもとりあえず、「帰りたくなかったら、ま、ここにいていいよ」って。「今日、泊まっていき」っていうことが言えるっていうのは。

家出がＳＯＳであるということは自明ではない。今から二〇年以上前、家出という形で少女が暴力から逃げていたことを教わったこのときから、荘保さんは緊急一時のショートステイを始め、ファミリーホームも創設して、初めは昼間の居場所だったこどもの里は現在の姿に変化していくことになる。子どものちょっとした変化は、もしかしたら家出のような問題行動といわれるものかもしれない。これが何かのＳＯＳであること、たとえばトラウマインフォームドケアではトラウマに焦点化した仕方でこのことを話題にし、組織全体が感度をもつことの重要性を語っている。[5]言いかえると、子どもは何も言わずとも実は「助けて」と言っているのかもしれない。

ところで、この場面ではそもそも子どもの居場所があったからこそ、困難に陥ったときにも子どもたちはかすかなＳＯＳを出しえていた。最初は気づいていなかったとしても、最終的に子どもたちは明示的に語り始める。このことの意味を次に考えてみる。

あらかじめそこにある居場所

明示的に窓口でＳＯＳを出すのは難しい。あるいは不可能かもしれない。さきほどの例では路上生活をしていた少年に声をかけることが話題になっていた。このような場面は極端な例かもしれない。実際に現実的なのは、学校や居場所において周囲の人が子どもの困難に気がつくことだろう。次の引用は、子ども食堂を長年運営している川辺康子さんが、ある親子の困難に気づいて声をかけたときのことを回想している場面だ。母親と川辺さんと私がその場にいた。川辺さんは子どもと子どもを連れてくる母親Ｆさんの様子が気になっていたのだった。[6]

川辺　様子を見てて、ちょっとものすごく気になったんで。私あんまり、そんな自分でそこに来てるお母さんたちに、名刺とかは渡さへんのですけど。

村上　そこはそうだったんだ。それやっぱりちょっと。

川辺　そう。

村上　気になって？

川辺　うん。この食堂だけのここに来てて、ご飯食べて帰るだけでは、『ちょっとなかなか大変やな』っていうのがあったんで、名刺を。だから、どのタイミングかな？〔息子の〕Yちゃんも表に行って、ママも一人でいてるタイミングがあったんで、そんとき横に行って名刺を。「どんな感じ？」みたいな。

村上　なるほど。そのときの気になったのは、どんなとこが気になってたんすか。

F　お米もらったことがあるんです、一回。お米がなくて、私。

川辺　ママね、今、覚えてないかわからへんけど、ママ来たときはちょっと感覚がなかったのか、よだれとか鼻水が止まらへんかって。そんな状態で来てて。Yちゃんも、ものすごくおとなしいときと、すごいご飯を食べるときとがあって、『ちょっと気になるな』と思ってる。『本当に今、しんどい思いを抱えてるんやろうな』っていう感じは。ママ自身があんまり自分のことを大事にしてないというか、そういうのも見てて伺えたんで、『いつのタイミングで話をしようかな』と思ってた。今はしっかり目を見て話してもらえるけど。

村上　そうですね。

川辺　そのときは何だろうな、ちょっと目線も合わへんかったし、すごく心配やって。『何とかちょっとつながりたいな』と思うきっかけが、あの名刺やったんですよ。

村上　なるほど。

川辺　それにママが応えてくれたというか。

Ｆさんも Ｙちゃんも食堂を訪れたときには助けを求めていない。しかし二人の姿は、何か特別な困難を感じさせるものだった。川辺さんは気になったＦさんに名刺を渡している。この名刺をたよりにしてＦさんは電話をかけてきた。つまり声かけをきっかけとして、母親自身がＳＯＳを出す力を発揮できるようになる。

　このような「ちょっと気になる」ことが生まれるのは、子ども食堂の日常のなかで、他の子どもたちの姿や食堂のルーティンの集積があり、そのなかでＹちゃんとＦさんの様子が際立ったからだろう。この食堂がある地域は貧困が厳しい地域であり、単なる貧困の様子だけで際立つことはない。親子の姿から立ち上がる微妙だが特別なシグナルがあったはずである。

　そして、もしこの食堂が「支援窓口」という看板や「貧しい人のため」の場所だったら、おそらく親子は食堂を訪問することがなかっただろう。地域の誰にでも開かれた場所であり、子どもにとっては友だちと楽しくご飯を食べて遊ぶ場所だったからこそ、親子はここを訪れてみようと思ったはずだ。

　つまり、地域の居場所があらかじめ存在していること、そのなかで誰もが集い、そして楽しめること、このような条件があったときに初めて困難を抱えた人がかすかなＳＯＳを発することができる。そしてそこに常にいて気を配っている大人が子どもの困難に気づくこともできるのである。

　そして母親は、区内の子ども食堂が一覧になっているチラシを見て、この食堂も含めて二、三の食堂を訪れていた。複数の場所があり、そのなかで自分にとって居心地がよい場所と出会ったからこそ、川辺さんとの出会いもあったのだ。（困難の有無にかかわらず）誰でも自由に遊べる居場所が、周囲にあらかじめ複数あること、このような当たり前のことが、助けを求めない子どもが発するかすかなＳＯＳへのアンテナとなるのではないだろうか。

（むらかみ・やすひこ／現象学）

4 子どもたちは、なぜ教室で「助けて」と言えないのか

川上康則　杉並区立済美養護学校

学校現場に漂う重苦しい空気感

本来、学校はすべての子どもたちにとって「明日も通いたくなる場」になっている必要がある。そのためには、満足感のある学びや体験とそれを支える笑顔の教師、そして共感的なクラスメイトの存在が欠かせない。

しかし、「先生が怖い」「学校が怖い」と話す子どもがいる。前述した学びや体験、教師、クラスメイトのいずれかまたはすべてに何らかの問題があるからだ。卒業してから「実は怖かった」「でもその時は言えなかった」「これが普通なのかと思っていた」と苦しそうに話す子どももいる。それらの証言の背景には、必ずと言ってよいほど不機嫌で威圧的な教師の存在や、退屈で一方的な授業の進め方や、ミ

スやエラーに不寛容な教室の雰囲気がある。

なぜかくも学校には重苦しい空気感が漂うのだろうか。もちろん個々の教師の資質や能力に問題があることは否めない。しかし、筆者は、現役教師という立場から、「学校現場を取り巻くシステムや構造」「社会の個人化によって集団の秩序が保ちにくくなった現状」等も要因として挙げられるのではないかと考えている。

教室を方向づける「あるべき姿」という呪い

もともとは子ども思いのとても温かい教師なのに、時々、子どもの行動がどうしても許せなくなり怒鳴ってしまう人がいる。そんな教師のほとんどが、頭では「感情的になるのはよくない」とわかっているつもりなのに、「もういい加減にして！」という気持ちが積み重なり、我慢し切れなかったと話す。そして冷静になると、「しまった、またやってしまった」とか「ごめん、もっとあなたに寄り添うはずだったのに」という気持ちが急に襲ってくると本音を漏らす。さらに「あぁ、このままじゃダメだ」と自分を否定する気持ちにも悩まされ、「もう強く叱るのはやめたい」と内省しつつも、同じような場面でまた声を荒げてしまうという。一所懸命だからこそ、至らなさやもどかしさから自分を責めるジレンマに陥っているようにも感じる。

多くの教師が、ここまで追い詰められているように感じるのには理由がある。それは、学校には「こうあるべき」があらゆるところに充満していることだ。

先に述べた教師たちの背景には必ず「焦り」がある。人の焦りは、「現状」と「こうあるべきという期待」のギャップによって生じる。具体的には、以下の三つのシチュエーションである。

①今の自分が、理想とする自分に達していない
②目の前の状況が、目指したい状況に届いていない
③あるがままの姿が、あるべき姿とはほど遠く感じられる

これらの場面に共通するのは、「目の前の状況」と「目指したい状況」の間に大きな差があるということだ。落差が大きければ大きいほど、今の状況に対してますます「足りていない」という焦りが生じる。現状を「足りていない」「満たされていない」「届いていない」ものと認識することで、その現実を突き付けられた時に「焦り」が生み出される。そして、落差を埋めようとするために、「こうしなきゃ」「こうさせなきゃ」「こうならなきゃ」「こうあらねば」という気持ちがいっそう強くなる。

コピーライターの中川諒氏は、この落差に対して生まれる感情を「あるべき姿という呪い」[図表I-4-1]と呼んだ。[1] また、発達心理学者の赤木和重氏は同様の状況を「〝ちゃんと〟のノロイ」と呼んでいる。[2]

学校現場には「こうあるべき」や「ちゃんとさせなきゃ」という空気感が常に漂っている。とくに、授業参観や研究授業、運動会などの発表の場においては、ある程度の見栄えを意識せざるをえない。そ

図表I.4-1 「あるべき姿」という呪い（文献1をもとに筆者作成）

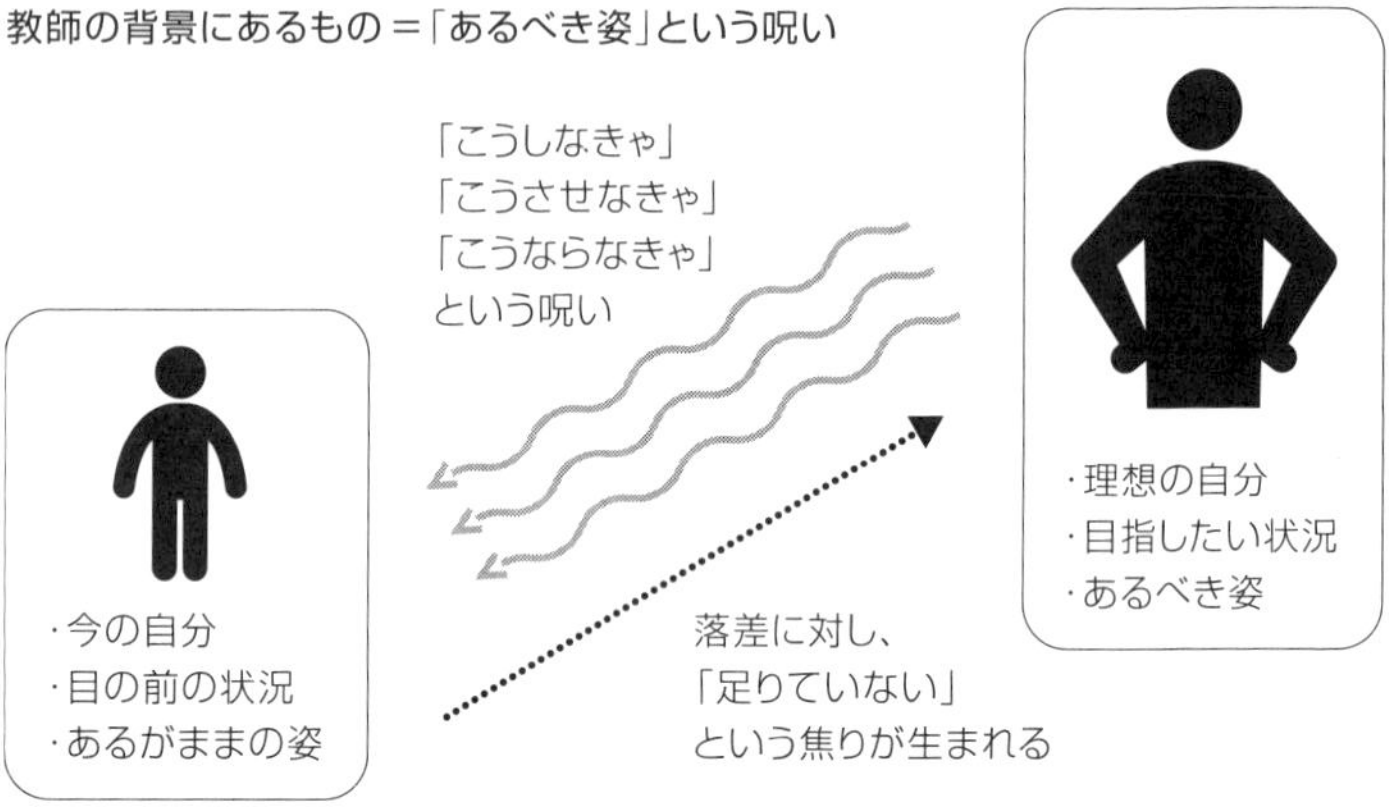

れゆえ、教師側が「こうでなければ」や「ちゃんとさせたい」といった無意識の呪縛にとらわれる場面が多くなる。発表の場での子どもたちの姿によって教師の日頃の指導が評価されるため、「目指したい状況」に達していないと、教師自身が恥ずかしさを感じる。運動会や学芸会の練習などで、熱心さを通り越して子どもたちを精神的に追い詰めるような指導が行われがちなのは、表向きには「子どもを思って」なのだが、本当は大人の側の「このままでは恥ずかしい」という思いから生まれる焦りが理由である。

　強い指導の場面には、かなりの緊張感が漂う。この空気感に耐え切れず、登校を渋る子どもは少なからずいる。登校している子どもたちも一見静かに従っているように見えるが、叱られないように行動しているだけで、実際にはみずから考えることを諦めさせられている。運動会が終わった後にクラスが荒れる傾向が強くなるが、これは「運動会という大義名分があったから強い指導にも従っていたが、それ以降も理不尽に怒鳴られるのは納得がいかない」という不満からくるクーデターにも似た学級崩壊である。しかし、そのことに当の教師たちは気づかないまま、職員室内で「クラスの雰囲気が緩んできたから、引き締め直さなければ」といった会話を繰り広げ、強い指導がエスカレートしていく。

前述の赤木氏は、「ちゃんとしなきゃ」「ちゃんとさせなきゃ」という気持ちは次第に過剰になり、いつの間にか「正義」となり、充満して「ノロイ」に化けると述べている。[2] 学校における「正義」は、権力を有する側である教師が「私の指導は正しい」「私の指導は間違っていない」という言い方で自身の指導を正当化する気持ちにつながる。「ちゃんと」という思いが必要以上に溢れた時、「気持ちよく過ごす」という大切なことが加速度的に削げ落ちていく。

このようにして、教室が本来持ち合わせていなければならない「穏やかな人間関係」や「安心できる場の役割」までもが失われていく。

教師にとっての「安全基地」がない

教師に「足りていない」という焦りをもたらしているのは、目の前の子どもたちの姿だけではない。たとえば、教育行政からの「〇〇教育」はその代表的なものである。情報教育、ＩＣＴ教育、ネットモラル教育、プログラミング教育、心の教育、主権者教育、起業家教育、キャリア教育、オリンピック・パラリンピック教育など、数十の「〇〇教育」が「学校に求められるもの」として示されている。それらのコンテンツがいずれ大切になることは理解できるが、すべての子どもにとって今すぐに必要というわけではない。くわえて、過去に示されていた「〇〇教育」はこれまで一つも「達成したから終了」とされないまま、増え続けている（たとえば、二〇二〇東京オリンピック・パラリンピック終了後は、「オリ・パラ教育」は「レガシー教育」となり引き継がれている）。

また、学力の国際比較や、全国学力・学習状況調査などの結果が示されると、それをもとに「わが国は足りていない」「うちの自治体は足りていない」「うちの学校は足りていない」という認識が生み出される。すると、学校現場で「学力向上」を求める圧が急に強まる。

結局のところ、権威勾配の高いレベルにいる大人の感じる「このままでは恥ずかしい」という一方的な思惑が次第に連鎖していき、教室内の空気感ができあがっていくと言わざるを得ない。大人側の身勝手な思惑に左右されている現状の影響を、最も強く受けているのが教室で過ごす子どもたちである。

このような状況を改善していくためには、「学校とはこうあるべき」という強い圧に対して、「とらわれない、とらわれない」と言い聞かせてくれる「安全基地（secure base）」のような他者の存在が不可欠である。教育行政や管理職などのマネジメント層の「大丈夫、とらわれなくていい」という言葉がすべての教師たちに伝われば、きっと学校は温かく心地よい空気感で包まれるはずである。

しかし、現実にはそのような流れはなかなか実現しない。マネジメント層は「社会からの要請」に突き動かされているからである。社会からみれば、「学校はさまざまな期待に応えるのが当然の場であり、教師は道徳性が高い職業のはずである。だからこそ、そうでない状況には監視の目・批判の目を向け続ける必要がある」ということなのかもしれない。

自分の「枠組み」に固執する教師と教室の空気感

ここまでシステムや構造を問題として取り上げたが、もちろん、個々の教師の資質や信念等の問題で、学校に通うことがつらくなる子どももいる。

学校現場には、みずからの学級経営について「どうしても譲れないラインを越えた行動に対しては、厳しく叱る」と語る教師が一定数いる。教師が自身の信念のもとに設定している「譲れない／許せない」という線引きもまた、教室の空気感を方向づけているところがある。

個々の教師の頭の中には、常に、「この場面で子どもたちにこうさせたい」という〝想定の枠組み〟がある。前述の「あるべき姿」「目指したい状況」と言い換えることもできる。その枠組みから外れるような姿を示す子どもが現れた時に、「譲れない／許せない」という気持ちがわきあがる。そして、「他の子たちの学習権を侵害している」「みんなも我慢している」「あなただけ身勝手なことは許されない」というような言葉を使って、その子を叱りつけるパターンが多い。

たしかに、叱る基準を明確にすることは、指導の一貫性においても、子どもたちに伝わりやすくするという点においても、大切なことなのかもしれない。「譲れないラインを越えるようなことをしたのだから、叱られて当然」という言い分も理解できなくはない。しかし、そのラインが大人側の都合だけで設定されていたり、子どもの実態や能力を超えたところに置かれていたりする場合には、どうだろうか。「譲れない／許せないライン」は、結局のところ、個々の教師の主観的な線引きにすぎない。教師側が「よかれと思って」「子どもたちの将来のために」という思いで作った基準であっても、目の前の子どもの実態を踏まえていなかったり、子どもたちとの合意や納得のうえに設定されていなかったりすれば、一転して、みずからを苦しめる結果に陥る。基準に達していない姿を見るたびに、懲らしめたり、処罰したりすることが日常化してしまうからである。

くわえて、クラス全体に不平等感を与えないようにするという教師の気持ちが子どもたちにも伝わり、子ども同士が相互に監視し合うような、ピリピリとした雰囲気が教室内に醸し出されていくことがある。ルールからの逸脱者を見つけ、「先生、○○くんがまたこんなことをしています」「先生、○○さんがまだできていません」などといったネガティブな報告が増えてきたら、「危険水域」であると言えるだろう。このような状況に陥ると、あらゆることに対して「叱って直す」「懲らしめて正す」という雰囲気になっていく。子どもたち同士も、ミスやエラーを許さない雰囲気を強めていく。失敗を指摘されがちな子どもほど、学校で居場所を失い、学校に通うこと自体を苦しく感じるようになる。

教師の主観で設定された「どうしても譲れないライン」は、厳密・強固であればあるほど、実は危うさを秘めている。つくづく教師とは、「自分の主張は正しく、それに基づく指導は周囲から認められるだけの価値をもっている」と勘違いしやすい職業であると思う。

自分の意見や考えこそが世の中の多数派であり、かつ正常であるという思い込みを「フォールス・コンセンサス（false consensus）」（偽の合意効果）と呼ぶ。フォールス・コンセンサスは、認知バイアス（認知の偏り）の一つであり、「周囲が自分の考えに合意してくれている」と勝手に思い込むことから「偽の合意」と名づけられた。たとえば、自分の意に沿わないことについて、「世の中はそんなに甘くない」とか「社会はそのような甘えを許さない」といった言い方をする教師は、その典型であると言える。それらの語りの裏側には、「自分の考えは社会の多数から支持されている」という思いがある。

そのような思い込みや決めつけが積み重なることによって、自身の枠組みはさらに強固なものになっていく。自分の枠組みに固執するようになると、他者の意見や考えを聞き入れようとしなくなる。引き返しどころを見失ったフォールス・コンセンサスほど厄介なものはない。まるで「教師としての美学」や「教育界の常識的な考え方」であるかのごとく、自分の主張の正しさが語られるようになっていく。

さらに怖いのは、こうした考え方が職員室内で世代間連鎖を引き起こしていくことがあり得ることである。疑いなく「そういうものだ」と信じ込む若手教師もいる。

学校現場の問題の大半は、教師個人に起因するものではなく、システム不全や制度疲労から生み出されているのは間違いない。しかし、システムや制度を動かすのは個人であるという認識に立つ必要がある。個々の教師がみずからの信念・教育観を見直していくこともまた欠かせない作業である。

図表I.4-2 「社会の個人化」と学級経営の難しさ

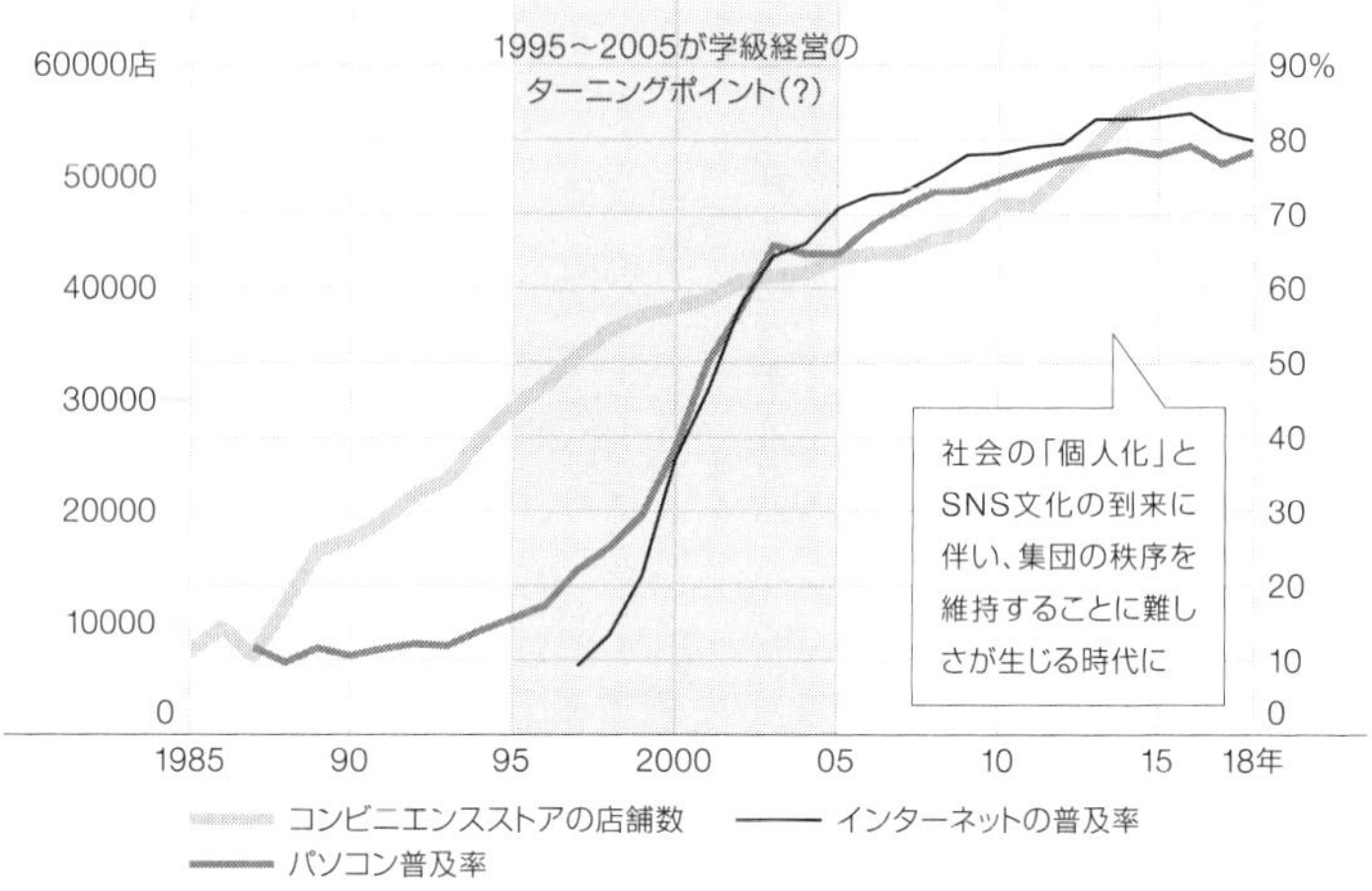

子どもたちの多様化・個性化と集団の秩序維持の難しさ

子どもを理解することは、常に学校の最優先課題である。ただしその内容には、いつの世にも通ずる普遍的な事柄と、社会情勢など学校を取り巻く環境の変化を踏まえた可変的な事柄の両方が含まれる。

一九九五〜二〇〇五年の約一〇年間に、コンビニエンスストアの店舗数、パソコンやインターネットの普及率などが急速に右肩上がりで増加した[図表I・4-2]。赤坂真二氏[3]は、これらの変化によって「社会の個人化」が進行し、共通の規範意識や情緒的交流の希薄化につながったと指摘している。

SNS文化の到来とともに、家庭のあり方や子どもたちの興味・関心も多様になった。今や、クラス全員が共通して観ているテレビ番組はないし、みんなが共通して知っている歌もない。一九九〇年代の子ども像をイメージしたまま学級経営を行おうとすると、集団の秩序を守ることにかなりの難しさが生じてくる。

実際に筆者の周辺でも、「集団の授業になかなか馴染めない」「学校生活が苦しそう」という大きな悩みから、「宿泊行事でみんなと一緒にお風呂に入りたくない」というピンポイントな課題まで、集団行動を求められることへの苦手さを訴える声が大きくなってきた印象がある。

もはや「同じクラスになったのだから仲良くすべき」「全員で一緒に同じことをするのが当たり前」「授業中は教師の指示を静かに聞くべき」などという前提そのものが通用しにくい時代だと言えるだろう。声を上げることのできる子どもは、学校に行くことへの不安を訴えることができるかもしれないが、そうでない子どもたちは、ただただ静かに困っていくことになる。

脱「無理して通うしんどい場」のヒント

ここまで、子どもたちがなぜ「助けて」と言えないのかについて整理してきた。あらためて、教室の重く苦しい空気感を方向づけているのは以下の五点である。

①教育行政や管理職層を含めた大人側に「あるべき姿」という思惑があること
②教師が追い込まれている現状があり、教師自身に「安全基地」がないこと

③科学的な根拠やデータの裏づけがないまま、自分自身の「枠組み」に固執した教師による主観的な指導が行われていること

④ルールからの逸脱者を咎める相互監視的な雰囲気が子どもたちのあいだにも拡大していること

⑤子どもたちの多様化・個性化により、集団の秩序の維持に難しさが生じていること

これらのために、多くの子どもたちにとって、学校が「無理して通うしんどい場」になっている。このような状況を踏まえずに「学校は今も魅力的で、人間形成のための素晴らしい場」と言うのは、もはや幻想に近い。「学校を好きになろう」と声高に言うのも的外れだと思う。今、私たちにできることは、地道に誠実に、まずは教室を「通うのがそこまでしんどくない空間」にすることを目指すことではないだろうか。

そこでまとめに代えて、脱「無理して通うしんどい場」の方法を考えたい。

第一に、「基本的に全員が同じことをやる」を見直したい。「やらない」を選択できないと、そのあとは「学校に行かない」という選択肢しか残されていないことになってしまう。「やるかやらないかを選べる」や「段階的に関与度を高める」などの柔軟な方向にシフトしていきたい。内田良氏は、「時代は変わった。子どもは、他者を攻撃することではなく、自分自身が学校やこの世から離脱することを選択する」と述べている[4]。現実に、不登校の状態にある児童生徒数は二〇二一（令和三）年度に約二四万五〇〇〇人に達し、二〇二二（令和四）年の小中学生の自殺者も五一二人と過去最多の状況になっ

ている。学校からの離脱が不登校であり、この世からの離脱が自死という形で表れている。「離脱」は、私たち教師の間にも広がっている。「定年まで勤めたい」と語っていた同僚が「もう疲れた」と言って離職を選んでいる。初任の教師たちは「時間が足りなくて本当に必要なことにまったく手が回らない」と話している。教師のなり手が少ないという昨今の教員採用の状況も、受験資格をもつ人たちが「離脱」を選択した結果だと言っても過言ではない。すべてがもう限界なのだ。「みんなが同じことをやる」から抜け出すためにも、足並みを揃えるという同調圧力を教師自身が覆していく必要がある。

第二に、子どもの活動への拒否的な反応や集団参加への嫌悪的な反応を、「わがまま」とか「反抗的」と評価しないことである。彼らにとっての精一杯の不安の表現を、このような誤解に満ちた評価で潰してはならない。

第三に、「時間がない、やるべきことが迫っている」という状況を少しでも改善し、気持ちの余白を意図的に作ることである。そのためにも、自分たちが設定する「あるべき姿」の期待の高さを見直し、みずから「とらわれない、とらわれない」と支え合う職員室の雰囲気を保つことが肝要だと考える。

（かわかみ・やすのり／特別支援教育）

5 「助けて」と言えずに不登校を続ける子どもたち

岡崎勝　小学校教員／フリースクール理事

はじめに

不登校は現代社会の中では「少数派」であり、「学校へ行って当たり前」という世間の「常識」はまだまだゆるぎない。不登校児童生徒の数はどんどん増えている。子どもの未来は子どもの現在が語っているとすれば、軽視はできないのである。

私自身は次のように考えている。「不登校はきわめて重要な社会的課題であり、学校制度、教育と子育ての根本的な問題につながっている」と。同時に、今、子どもが不登校ではないからといって、この先も、その子と不登校が無縁であり続けるとは思えない。不登校との向き合い方を誤れば、今後「就職の拒否」「仕事先の拒否」「家族の拒否」そして「幸せになろうとすることの拒否」、さらには「生きることの拒否」へもつながっていく危うさがあるだろう。

もちろん、学校、就職、仕事、家族など、生きることが一〇〇%安心安全で予定調和的であろうはずがない。私たちは小さい頃から、面倒なことや嫌なことと何とか折り合いをつけて、多少努力もし、やり過ごしたり、逃げたり、我慢したり、闘ったりして日々過ごしている。その意味では、不登校が厳しい人生を招くと決めつけるのも思い込みにすぎないかもしれない。私自身、不登校の子どもたちとのかかわりの中で、不登校は災難でなく、付き合い方によっては人生をより豊かにする契機にすらなり得ると考えている。

その意味からすれば、「助けて」と声をあげ、誰かにあるいは社会に支えてもらいながら生きることは、折り合いをつける一つの方法なのであり、特段珍しいことではない。しかし、不登校当事者には、なかなか「助けて」と言えない現実がある。その原因と克服について論じてみる。

「助けて」と声が出せないのはなぜか？

「助けて」と声が出せない理由は、一つには学校での「自立の強制」がある。「自分のことは自分でする」いわゆる「一人で頑張る子はいい子」という価値の枠組みが、学校には張り巡らされている。さらには、「たとえできなくても頑張ることが大事なのです」という言い方だ。

実は私も学校ではよくそれを言ってきた。できなくても頑張ることは、別に悪いことではない。ケースバイケースなのである。ただし、これを普遍的で正しい教育の言説として押しつけることが子どもにとって厳しいのだ。子どもによっては、「自分で頑張れ！」が励ましでなく突き放されたと感じ、絶望的になる場合もある。

子どもはそれが面白ければ、できなくても頑張る。楽しければ、できなくても、うまくいかなくても頑張る。もっと言えば、「出来栄えよりも為すことが楽しい」ときに頑張る。ところが不登校の原因によくあげられる「友だちや先生とうまくいかない」「いじめに巻き込まれる」「勉強がわからない」などのような楽しくないことは頑張れない。それどころか、避けて通りたくなる。不登校は「楽しくないから避けて通りたい」という行為の一つである。

学校で楽しいことがたくさんあれば、それがエネルギーになり、気持ちの貯金になり、しんどいことも我慢できる場合が多い。楽しい、面白い、そういう貯金がないと、つらさに向き合うのは厳しい。大人になっても、人生の厳しいときに、昔の楽しい充実した思い出や、努力して報われた思い出に励まされることはよくある。子どもでも同じであり、学校で面白いことや楽しいことがあれば、しんどいときでも頑張れることが多い。

しかし、学校は楽しいことをたくさん経験するより「成果を出して頑張るところ」であり、「子どもは、頑張る子と頑張らない子の二つに分けられる」という基本命題が厳然としてある。教師だけでなく親にも、世間にもある。世間では許されなくても、世界のどこかには許されるところがあるはずだ。しかし、残念ながら、子どもたちが生きるのは世間である。そして、世間は本来狭いのに、めげていると

「世間が世界のすべてだ」と思い込む。さらには、「助けを求める子」は「頑張らない子」であると認定されてしまう。それが現在の学校の支配的な価値の枠組みになってしまっている。

そうなると、助けを求めるのは難しい。幼くて、できないとかうまくいかないときに泣きわめいたり、キレたり、当たり散らしたりすることができるうちは、まだいい。「ボクが悪いんじゃない」「あいつが先にやった」「これは正当防衛の一つです」などの言い訳合唱隊に参加できているうちはまだいいのだ。私は他責感に逃げ込む彼らを叱りつつも、「まあ、これからうまくやってくれよ。困ったら、早めに教えてほしいなあ、なんとかするからさ。だけど、あとで仲良くできる程度にしておいてくれよ」などと、折り合いをつける方法や間《ま》を教える。行為自体を否定しつつも、子どもの存在を決して否定しない叱り方を工夫する。

子どもだけでなく人間関係の中では、一方的に否定されると逃げ道を失う。そうなれば、あとは沈黙か退却か主体的脱落しかない。そして、自分を否定された人間が他者に「助けを求める」のは、他者に隷属していくことだと思い込みやすい。

強力な力の関係、つまり緊張した主従関係の中で、弱者や少数派が「助けて」と言える関係は醸成されない。「なんとかしてください」と伝えようとしたときに、子どもを「生活する一人の人間」として尊重する感覚が親や教師にあり、暮らしの中に「隙間とゆとり」そして「ささやかな信用」さえあれば、その声が聞こえるはずなのだが。

「ごめんなさい」と「助けて」には高いハードルがある

「最近の子どもは叱られても『ごめんなさい』が素直に言えないよな」とか、「明らかに自分が悪いのに、すぐに謝罪ができないで居直る子が多くないですか」などという会話が職員室でかわされる。これは「素直さ」の問題とは少しずれるのだ。

子どもたちの「ごめんなさい」「いいよ」という条件反射のようなやりとりを、私は今まで問題にして、批判してきた。「『ごめんなさい』『いいよ』と安易に言えばすむことばかりではないのだよ」と子どもたちに説諭した。「いいよ」などと簡単に言わず、もっと自分の言いたいことや訴えたいことを相手や周囲に伝えるべきだろうと。

ところが、最近は子ども同士のケンカやトラブルの対応で、謝罪してもらうのに手間がかかる。誰が見ても、そして本人も、自分が悪いとわかっていても、謝れないことが目立つ。教室で「謝ったら終わりだよね」と子ども同士が話しているのを聞いたので、「自分が悪ければ、相手に謝罪しなきゃダメじゃないの」と言うと、「いや、センセー、頭下げたら、もうダメなんですよ」と強調するのだ。これには驚いた。

私は、自分の過ちをきちんと認めるのは潔いことで、自分の値打ちを上げることにもつながるというのが当たり前だと思っていたし、「本当に悪かった、これからは十分に気をつける、申し訳ない……」と相手に頭を下げて謝罪することの大切さを子どもたちも知っているはずだと期待していたので、おおいに混乱した。

その一方で、冗談っぽくは謝罪できるらしい。漫才コンビ・U字工事の「ゴメンネ、ゴメンネェー」というギャグのような謝罪は笑いを取ることができるが、それは真摯な謝罪ではない。

他方でこんなこともある。隣のクラスで起きたトラブルを担任が指導した後に、保護者から「先生、うちの息子が悪かったとは思うが、謝罪のさせ方が行きすぎではないですか？息子は泣きながら謝ったそうじゃないですか。それって指導が間違っていませんか、やりすぎじゃないんですか、もっと軽く謝れば後味も悪くならないし……」という抗議があった。私自身もこの若い担任が子どもを指導している場にいたのだが、厳しい言葉で叱ってもいないし、子どもたちも事実を確認して真面目に謝罪しており、相手もそれを受け入れていた。よく聞くと、その子は家に帰ってもしょげており、元気がなかったというのだ。謝罪しながら泣くことくらい普通だと思っていたが、そうでもないようだ。

つまり、「ガチ謝罪」（真剣な謝罪）は「自分を貶めることになる」と考えるようになっているのだ。普通だったらすぐに謝るようなことも、「これくらいのことでどうして謝らなければならないのですか」と子どもに逆ギレされ、突っかかられることがたしかに多くなっている。

先の子どもの「謝ったら終わり、ダメ」というのは、謝罪することは存在の否定や、プライドの否定につながることだと考えているのだ。もっといえば、「弱みを見せる」ことへの忌諱が根強くある。

「助けて」というのも、ガチで他者に伝えるのは「自分の弱みを見せること」「自分の弱点をさらけ出す、みっともないこと」なので、心理的ハードルがかなり高い。ましてや、日常的に付き合っている友だちや先生は自分を評価する側にいるために、さらに「助けて」を伝えにくい。「困ったときに助けを求めるのは当たり前」と思えるのは、皮肉にも、助けを求められるほうの優位性からだというのである。私などは「自分が悪いと思ったらとりあえず丁寧に謝るものだ。そんなところで躊躇している場合じゃないでしょ」と思うのだが。

最近、高校生男子グループとこのことについて話したときに「センセー、無理だよ。友だちや親に『助けて』なんてガチでは絶対に言えないな。だって、自分もみっともないし、親や友だちに心配させるし、負担をかけるじゃない、そこんとこは難しいっすよ」と。「それに、俺だって、仲のいい友だちから相談されたって、いい答えは出せないし、申し訳ないっす」とも。けっこう元気な教え子だったので意外だったが、同じような話を大学生や若い先生からも聞いたことがある。「深刻な悩み事や助けを求めるようなことを親友には言えない」と。

教育における善意の押しつけ

「助けを求める行為」はかなり勇気が要るし、複雑な力関係が背景にあるということが理解できただろうか。子育てや教育にかかわる私たちは「助けを求めるものに手を差し伸べるのは全き善である」と考えている。しかし、それは救済の発想であり、自分自身のプライド、面子、立ち位置、優位性が瓦解してしまうのではないかという不安を本人に与えるのだ。

子どもたちだけでなく、教師にも同じようなことが起きる。学級がうまく運営できていないと感じる担任が、他の教師の助けを求められず、学級が全面的に崩壊し、ついに教師自身も病んで休職するという話はよくある。周囲の教師は「もっと早く助けを求めてくれればなんとかなったのに」と言うが、「助けて」が言えない子どもとまったく同じ話である。担任としての学級運営・経営の能力評価を周囲がしていると感じていれば、相談することは不安で仕方ない。

また、「君のためなんだから、早く助けを求めてくれればいいんだよ」という言い方を教育的だと思っているとしたら、もう一つの側面も考え合わせなければならない。それは、ＤＶの加害者が「おまえは、一人で悩んでしまう弱い人間だから、一緒に暮らしてやっているんだ」と言うときにみられる過剰なパターナリズムである。

教師や親は「正しいこと」しか言わないことが多い。そこに弱音を吐く隙間はない。そもそも、強者として立ち現れている教師が弱者である子どもに共感するのは難しい。子どもたちは「助けて」と教師や親に相談するよりも、言わないほうがストレスはない。「もっと気軽に話してくれればいいのに」と私たちは思うのだが、それは知らず知らずのうちに上から目線、あるいは「ケアしてやってる」オーラを教育という力関係の構造に引き込んでいるのかもしれない。

さらに、デジタル化された教育空間の中では「助けて」も空洞化することがある。たとえば、ＧＩＧＡスクール構想の中で一人一台タブレットとなり、朝の会でアプリを使って「今日の気分」を教師が集約することがある。そこでは「心の天気」と称して、気分がよければ晴れマーク、落ちているときは雨マークなどとして子どもたちが教師に伝える。「困っている」「助けて」マークができたとして、それを使えば子どもたちのことをこれまで以上に把握できるのだろうか？ 子どもたちは、ゲーム感覚で発信したら「ふざけている」「安易に考えている」などと叱責を受けることを予想してしまうだろう。

不登校の子どもたちは、最初からそういう「助けて」の信号を発したり、二者択一のあれかこれかという「簡単」「安易」な関係のもち方を拒否することが多い。それに、真剣に「助けて」信号を出したときに、学校との対応などが面倒くさくなり、気をつかうことも予想する。クリック一つで一斉に情報が伝わる効率性は、その波及効果や影響をどう処理するかという課題を彼ら自身に突きつけてしまう。

最近はＳＮＳを利用した相談システムが増えている。スマートフォンが普及した今、とても有効な緊急伝達手段ではある。ＬＩＮＥの相談窓口も増加している。匿名での相談は、入り口としては、電話相談よりもハードルが低いので有効性も高い。

ただこうしたＳＮＳや電話相談は「きっかけ」の一つであり、そこからリアルな子どもたちの悩みを受け止めたあと、どう支援するかという課題は従来と同じである。ＳＮＳなどの相談員もさまざまで、相当訓練を受けている場合もあれば、何の専門性もなく、「話を聞くよー」という気軽さを前面に出していることも多い。いずれにせよ、こうした窓口は学校に比べれば、「相手が知らない人だからこそ話せる」という意味で「教育的善意」やパターナリズムの度合いは低いので、気軽ではある。しかし、とりあえずの入り口はできるが、実際の相談や支援にあたっては、リアルな現実が待ち受けていることに変わりはない。

不登校それ自体が子どもの「助けて」

本稿のテーマの一つである、どうしたら「助けて」と言えない子どもの信号を読み取れるだろうか？という問いは、以上述べてきたように難しい。単純に、子どもの様子を見て声をかけるというのは、スキルも経験もある程度は必要になる。

たとえば、「訴えるような眼差し」はたしかにあるが、逆に、目を合わせようとしない、あるいはすぐに背を向けることで「声をかけてほしい」と訴えることだってある。声に出したり、手紙やメモに「助けて」と書いたりしてくれればわかりやすくラッキーだが、そんなことを子どもに期待してはならない。

そもそも、子どもたちが「学校に行きたくない」というのは、「助けて」と同じようなことである。「登校しぶり」も同じだ。普通は、親はなだめ、はげまし、「学校へ行くのは当たり前」という考えを押しつけながら、学校へ行くように仕向ける。子どもは、すでに「登校させないでほしい」「助けてほしい」と思っている。

そんなとき親に「頑張って学校へ行きなさい」と言われれば、一番頼れるはずの親への「助けて」を拒否されたと思うのが自然だ。さらに「親の期待に添えていない」自分を責める。そうなれば、親以外の他者に助けを求めるような気分にはなかなかなれない。

不登校の相談を受けていると、「子どもが学校へ行きたがらないのです」という保護者の「助けて」が聞こえる。そんな親が、「頑張って子どもを学校に行かせなさい」と言われたらどうだろう。これも、苦労している親にしてみれば、自分は「努力しないダメ親」で「育て方が悪い」と言われているのと同じ意味になり、親自身が「拒否された」と受け止めるだろう。

だから、不登校の子どもたちの「助けて」は、すでに発せられていると考えるのが妥当である。したがって、支援する、応援する私たちにできることは大きく言って次の四点に絞られる。

①親の「助けて」をまず受け入れること。具体的には、同調はしないが、「親御さんも大変なんですよね」と伝えること。まず、どんなことがしんどいのかを聴くこと。

②登校することを目標にしないで、子どもの気持ち、考えをじっくりゆっくり聴くこと。親と共闘しない。親とは別の価値観があるということを示す。

③不登校の場合は、学校そのものを先験的に正当化しない。つまり「学校へ行って当たり前とは考えない」というところから、子どもや親との対話を始めること。

④時間と手間をかけること。拙速は結局のところ、相談される側の苛立ちしか子どもに伝わらない。学校が悪い、親が悪い、世間が悪いという他責感で、安易に子どもと親の気持ちを満たさないこと。

私自身、不登校の相談を受けるとき、保護者から「子どもに会って話を聞いてやってください」と言われることが多い。しかし、私はそのときこんなふうに話をする。「いいですよ。でも、お子さんが会いたくないと言ったら親御さんだけにしましょう」と。子どもが「いいよ」と言っても、それは親に気をつかっているからかもしれない。実際に、子どもが私に「会ってもいい」と言ったとしても、当日面会がドタキャンになることだって珍しくない。当事者の子どもと話をすることは簡単ではないのだ。焦らないで、ダメ元くらいのつもりでよいと思っている。子どもたちは大人に「理屈で説得される」のを避けることで「自尊心」を守っている。

自分の子どもが不登校になったとき、焦る気持ちは十分に理解できるし、保護者が助けを求めることもわかる。しかし、対話するまでには時間がかかるのだ。

「助けて」の声に応えていきたい親や教師、支援者の気持ちはよくわかるが、不登校の原因がすべて本人にあるわけでもない。どちらかというと、学校をはじめ社会的環境の中で、私たちが子どもを厳しい状況に置いてしまっているのではないか、加害者性があるかもしれないと考えるほうが適切な場合が多い。

相談される側、支援する側の問題や課題を考えることが、不登校の子どもたちとの対話ではとても重要になる。「多様性の社会」と言いながら、実際はかなり狭い価値観や制度の枠組みに縛られているのが現実ではないかと私は思う。「みんなちがっていいんだよ」と言いつつ、「だから、自分のことは自分で責任取ってね」というかなり厳しい自己責任を要求しているのではないだろうか。「みんなちがって、みんないい」というよりも、「みんなちがって、みんなしかたがない」のである。

「助けて」と言われたとき、誰にでも当てはまる正解を探すような接し方では、相談するほうもされるほうも疲れるだけだ。まあ、のんびり一緒に、不登校との付き合い方や折り合いのつけ方を探していこうというくらいの「ゆるさ」が必要なのだ。

（おかざき・まさる）

6 ゲームに没頭する子どもの「助けて」と言えない心理
――沈黙に耳をかたむける

佐久間寛之　さいがた医療センター精神科

はじめに

二一世紀の今日、ビデオゲームはますます隆盛をきわめている。かつてのファミコン一強だった時代は遠く過去に流れ、ゲームはＰＣ、専用ゲーム機、スマホと多様な形態で私たちの日常に入り込んでいる。ゲームをまったくやらなくても、電車内の液晶モニターでビデオゲームの広告を見たことがないという人は少ないだろう。『スーパーマリオブラザーズ』のキャラクターはいまや世界的なビデオゲーム界のアイコンだし、アニメとゲームの垣根はますます低くなり、わが国を代表するサブカルチャーコンテンツとなっている。

このような時代にあって、子どもにゲームを禁止する、ゲーム文化に対する興味をそらしてゲーム環境へのアクセスを遮断することは、いったい可能なのだろうか？ そして、いまや世界中で人気を博しているゲームは、若者や子どもたちにとってどのような存在なのだろうか。

私はすでに五〇代も半ばとなり、いまの子どもたちの気持ちは推測するしかない。しかしゲーム依存の外来を担当し、日々ゲームに没頭している子どもたちに接している立場として、彼らの気持ちをある程度は代弁できると思う。

本稿では、何らかの理由で学校や家庭との間に葛藤が生じ、ゲームに没頭するしかない子どもたちのこころの動きを述べる。そして彼らをどう理解し、どう接したらよいのかをゲーム依存臨床医の立場から論じたい。そして大人が大人の権威と立場で彼らからゲームを剥奪した場合、何が起きるのかについても私見を述べる。

Ａくんの場合

Ａくんは一三歳、中学校一年生の男児だ。建設業の父親と歯科医院勤務の母親をもつ。きょうだいは三歳年下の妹がいる。父親は単身赴任中で、自宅には月に二回ほど帰ってくるだけである。Ａくんはもともと多動気味であり、授業に集中できず席に座っていられなかったが、児童精神科を受診して薬物治療を開始してからは問題なく過ごせるようになった。

ゲームを始めたのは小学校三年生のとき、携帯型のゲーム機を買ってもらったのがきっかけだった。

一度始めると没頭してしまい、なかなか中断できなかったが、母親との間で決めたルールは何とか守られていた。またゲームと同じくらいにバスケットボールが好きで、小学校のバスケチームでは主力選手として活躍していた。

中学校に進学すると、同じ小学校からの同級生はほとんどいなかった。また中学校にバスケ部はなく、バスケに興味のある同級生もいなかった。新しいクラスメイトたちはほとんど同じ小学校から進学してきており、そこで流行っていたというＦＰＳ（ファーストパーソンシューティング）スタイルの対戦ゲームを紹介され、新しい友人たちとはもっぱらインターネットを介してゲームで遊ぶようになった。

一学期は学校から帰宅すると食事時間以外は寝るまでゲームをするようになった。プレイ時間が長くなるにつれて就寝時間は遅くなり、朝起きられなくなった。それでも遅刻しながら何とかがんばって登校していたが、夏休みに完全に昼夜逆転となる。夏休みが明けても登校できず、また夏休みの課題にまったく手をつけていない罪悪感も手伝って、不登校になった。母親は登校しないＡくんにどう接してよいかわからず、ルールを守るよう繰り返し求めた。

久しぶりに帰宅した父親はＡくんが不登校になっている事実に驚き、母親をなじった。「ゲームやネットがあるから不登校になるんだ。甘やかさずに取り上げなさい」という父親の意見でネットを遮断したが、それを契機に親子のコミュニケーションは完全に断絶、Ａくんは部屋に引きこもって出てこなくなった。食事もとらずに部屋で大声を上げるようになったために母親は根負けし、ネットを再接続した。現在Ａくんは、家族とまったく顔を合わせずに自室でゲームに没頭、プレイ中に大声で仲間とオンラインで何かを話しているが、しだいに暴言が多くなり、ときにコントローラーを壁に叩きつける音が聞こえるため、母親の心配は増すばかりである。

なぜゲームに没頭するのか?

多少の差はあっても、Ａくんの例は私のゲーム依存外来を訪れる人の典型である。では、彼らはなぜゲームに没頭するのだろうか。

答えがあるとすれば、「そこにゲームがあったから」がもっとも適切だろう。大人たちとちがい、彼らには生まれたときからスマホやインターネット、ＳＮＳがそこにあった。世界初のスマートフォンiPhoneがアップル社から発売されたのが二〇〇七年。いまやコミュニケーションツールのスタンダードとなっているＬＩＮＥがリリースされたのは二〇一一年。いまのローティーンの子どもたちが物心ついたときにはネットとそれを基盤としたツールはすでにそこにあった。誰かと連絡を取るのは電話や手紙ではなくメールやＳＮＳであり、調べ物をするのは物理媒体の事典や本ではなく検索エンジンであった。そのような環境でオンラインゲームは子どもたちの遊び場であり、コミュニケーションの場としてはじめから機能していた。『ドラえもん』に出てくる昭和の子どもたちにとっての空き地や草野球が、いまの子どもたちにとってのネットやゲームなのである。

そう考えると、はじめからそこにあり、使い慣れたものに没頭するのは当然のことである。大人たちは「ゲームに没頭する子どもの気持ちが理解できない」という。しかし彼らの行動は、原っぱで暗くなるまで野球をしたり、公園の片隅で貸本漫画を夢中で読みふけっていた昭和の子どもたちとさほど変わらない。子どもはおもしろいもの・楽しめるものに熱中するのである。大人がそれを理解できないのは、デジタルツールやＩＴが自分たちにとっては後づけのものであって、子ども時代にそれがあった状況を想像できないからである。逆にいまの子どもたちが熱中しているものが野球や少年漫画であれば、容易に心情を推察し、のめり込むその心理に共感し、理解するであろう。ネットやゲームへの熱中に違和感をおぼえるのは、それが自分の経験と照らし合わせて共感できないからに他ならない。繰り返しになるが、子どもは何かに熱中しのめり込むものなのである。とはいえ、昔の遊具とはおおいに異なる点も多い。ネット世界とゲーム、子どもたちにとってその魅力と危険とは何だろうか。

魅力的で幻惑的なネット、オンラインゲームの世界

現代のビデオゲームの直接の始祖は、一九七二年に米国ＡＴＡＲＩ社が発売したＰＯＮＧである。画面上を跳ね回るボールを二人のプレイヤーが落球しないように反射板を操作して応酬し合う、電子卓球ゲームである。ちなみに世界中でこのコピーゲームが出回ったことがビデオゲーム流行の基盤となったわけだが、本稿では詳細を省く。ブラウン管に映るモノクロの卓球ゲームはおおいに流行したものの、所詮は単調な玉の打ち合いでしかなかった。その後に任天堂がファミリーコンピュータを発売、以降

「所持しているゲーム機（プラットフォーム）にゲームプログラムの入ったカセットなどのメディアを挿入し、ゲームを行う」ことがビデオゲームの基本的な商業形態となった。

しかしやがて、この商業形態に変化が訪れる。ビデオゲームがオンライン化するとともに、ゲーム自体は無料ないし低価格となった。ユーザーを惹きつけたうえで、ゲーム内でアイテムなどのさまざまなアドバンテージ要素を販売、ゲーム業界はこれによって収益を得るビジネスモデルへと変貌していった。このためユーザー離れは販売元としては死活問題となり、オンラインによりユーザーを離さず、また新規ユーザーを獲得し続けるさまざまなフィーチャーが導入された。具体的には新アイテム、新しいスキルや魔法、新しいステージやキャラクターなどである。メジャーなゲームでは、これらが導入されるたびにネットでの情報は活発になる。YouTubeでは競うように新機能を駆使した実況動画が発信され、ＳＮＳではユーザーたちの熱気ある発言が飛び交う。リアル世界でも友だちとの間でアップデートや新機能の話題が口にされる。

このような状況では、ゲームに飽きることのほうが難しい。ゲームの開発・販売元はオンラインでユーザー行動をモニタリングしているため、少しでもユーザーが飽きてきたりプレイ時間が減ってきたりするとすかさず次の手を打ってくる。また、あるゲームが大ヒットするとライバル社がその特徴をもちつつもさらに魅力を高めたゲームをリリースして対抗してくる。要するに、終わりがないのである。

プレイヤーのゲーム環境も同様だ。スマホや携帯型の専用ゲーム機はハンディで、家のどこにいても、ベッドの中にいても、外出していてもゲームができる。多機能であり、動画視聴だってできる。しかしそれは、終わりのない熱中やのめり込みと表裏一体だ。はじめからゲームにさほど興味を示さないか、あるいはみずからゲームやネットの使用時間に意識的でない限り、無限にハマっていくリスクがある。

かといってすべての子どもがゲーム依存になるわけではない。ほとんどの子どもたちはネットやゲームをほどほどに楽しみ、自身の社会的な役割や課題をこなして順調に成長していく。ゲーム依存になる子どもとそうでない子どもは、いったい何がちがうのだろうか。

ゲーム依存の成り立ち

ゲーム依存の背景因子や成因についてはまだまだ解明が進んでおらず、不明な点が多い。しかしＡくんの場合のように、臨床的には比較的類似したストーリーが多くみられる。ポイントを図表Ⅰ・6-1に示す。

多くのケースで、いくつかの共通の背景要素がみられる。たとえばネットやゲームに触れるのが比較的低年齢であったり、周囲にゲームやネットにくわしい友人やきょうだいが存在するなどである。またＡＤＨＤ（注意欠如・多動症）やＡＳＤ（自閉スペクトラム症）など、発達障害特性も目立つ。こういった背景をもった者が、長時間ゲームを使用する傾向が強まる中で、ゲームへの熱中度が高まり、対照的にそれ以外のアクティビティへの関心が薄くなっていく。またオンラインゲームの特徴として、仲間の存在がある。ネットを通じてパーティが組まれ、相互に応援し合い、モチベーションを高める。これはオンラ

図表I.6-1　ゲーム依存の形成プロセス

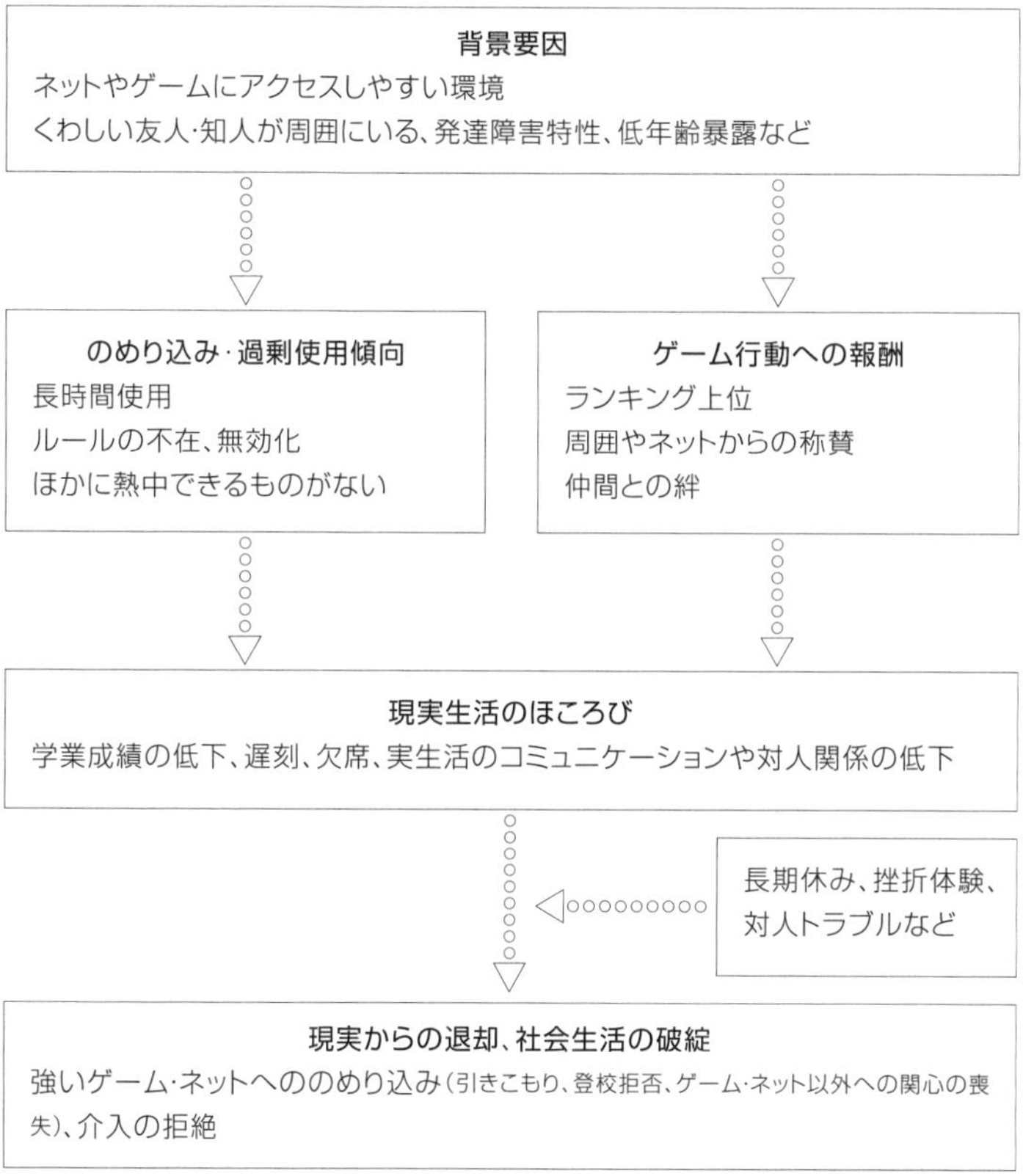

イン化する前のゲーム界ではなかったことであり、この仲間との「絆」は断ち切りがたい魅力をもつものである。

一方で、のめり込みが強まってもそう簡単には社会生活は破綻しない。しかし、長期の休みや何らかの挫折体験が最後のダメ押しになって、ギリギリ保たれていた現実生活とゲーム行動のバランスが崩れる。一旦崩れてしまうとあっという間に周囲との軋轢が高まり、不登校、引きこもり、家庭内コミュニケーションの断絶といった極端な退却行動が発生する。こうなってしまうと容易には現実生活に復帰できず、問題が長期化しがちである。

こうなったとき、現実から退却してゲームに没頭している子どもたちは、内面でどんなことを考えているのであろうか。ただひたすらに現実から目をそむけ、仮想世界の住人として心地よく異世界に遊興しているのだろうか。

ゲーム世界に閉じ込められて「助けて」と言えない子どもたち

私の外来に不承不承連れてこられる子どもたちは、一様に口が重い。親は異口同音に、「この子が何を考えているかわからない」という。診察室の椅子に座り、こぶしをギュッと握りしめて床を見つめる彼らに私が問いかけても、まず答えは返ってこない。名前や通っている学校といった質問にさえも、沈黙が返ってくる場合がほとんどだ。成人の診療に慣れた医療者であればその沈黙を否定的に捉え、頑なな姿勢と受け取るかもしれない。しかし、治療が進むにつれ、その見たては間違っていたことに気がつく。彼らは、問題を誰よりもよくわかっている。自分の気持ちや感情を言わないのではなく、言えないのだ。周囲の大人は簡単に、「ゲームをやめて部屋から出てこい、学校に行け」という。しかし、一度現実からゲーム世界に退却してしまった子どもたちにとってそのハードルはあまりに高い。周囲の大人からみれば容易にまたげるとしか思えない障壁、たとえば登校する、クラスメイトの視線にさらされる、話しかけられる、授業を受ける、休憩時間を過ごす、そういった一つひとつのことが巨大な壁のように感じられる。

ゲームにのめり込んだ子どもたちと話していると、彼らはモンスターでも非行少年でもない、ごく普通の少年少女たちであることに気がつく。ほとんどの子どもが親思いだ。親が自分に対して、登校すること、テストを受けて進級進学をすること、部活や学校のイベントを順調にこなしていくことを期待していることを知っている。そして、その期待に応えられない自分を恥じている。罪悪感を抱いている。

大人であれば、その劣等感や罪悪感に合理化や知性化といった防衛機制で対処するだろう。しかし、そういった心理的防衛のすべを学んでいない子どもたちは、ただ押し黙るしかない。外部から正論を言われるほどに彼らは言葉を失い、現実のあまりの厳しさにたじろぎ、茫然とする。ゲームやネットにハマる子どもたちにとって、唯一の心理的自己防衛がゲームやネットへの退却なのだ。自分のこころが壊れてしまわないために、慣れ親しんだゲーム――たとえそれが自分をさらに現実から遠ざけ、問題を深めるものだとしても――に没頭するしかないのだ。

現実は厳しく、仮想世界は居心地がよい。そのギャップは、現実が厳しくなればなるほど、引きこもりや不登校が長引けば長引くほどに大きく開いていく。子どもたちもそのことは十分に承知している。はじめは楽しかったゲームも、いまや以前ほど楽しめない。かといって自分のこころを慰めるすべは他にない。でも没頭すればするほど、かえってこころはささくれ、苛立ちが募る。ささいなミスにも声を荒げ、コントローラーを壁に叩きつける。その悲しい苛立ちは、彼らのこころの苦痛そのものである。周囲の大人は、彼らが自分勝手だからゲームにのめり込み、夜中に大声を出したり壁や床を叩くという。逆だ。親や周囲を無視しているのではない。親や周囲の期待に応えられない自分に幻滅し、それゆえ仮想の戦場で咆哮するしかないのだ。

沈黙に耳をかたむける

では私たち支援者は彼らにどう接したらよいのだろうか。多くの保護者や支援者から、ゲーム依存の子どもたちに何を話しかければよいのかと問われる。この質問は、前提の段で間違っている。彼らに「言って聞かせる」アプローチは通用しない。もしそれが通用するのであれば、医療や支援につながる前、親や学校関係者が「言って聞かせる」段階で功を奏していたはずである。それが通じず、逆に本人を追い込んできたからこそ問題がこじれ、専門外来や支援機関に相談に来たのである。

必要なのは、まず彼らの声に耳をかたむけることである。批判せず、どんな態度でも安心して受け入れてもらえる、そういう姿勢で接することである。もちろん、初対面の医療者にいきなりこころを開くのは無理だろう。自分を恥じている子どもなら、なおさら言葉は出てこない。そうであれば、私はまず彼らの沈黙に耳をかたむけることから始める。彼らが何かを言っても言わなくても、あたたかく受容的でありたいと願う。われわれ大人だって、ローティーンだった頃に、知らない大人にいきなり本音など話せただろうか。自分ができなかったであろうことを、問題を抱えた子どもに求めるのは無理である。私はゲームやネットを取り上げる提案を親にしないことを保証し、そのうえでまた次の外来に来てくれるように彼らにお願いする。たとえ一言も話さなかったとしても、診察室に足を運び、見知らぬ大人の前の椅子に座った勇気を評価する。次の外来も、その次の外来も。

　集団治療プログラムも導入するが、まずは関係構築が重要だ。ここをないがしろにすれば、本人は二度と治療や相談の場に現れなくなる。一にも二にも相手を理解すること、対象理解の姿勢が肝要である。

　もし彼らからゲームやネットを奪えば、彼らにはもうこころの居場所がどこにもなくなってしまう。その果てにあるのは家出などの遁走的行為か、あるいは自殺や深刻な暴力など、より破滅的な事象である。ゲームを取り上げたりネットを遮断したりすることで解決するような簡単な問題ではない。それなら専門外来も相談機関も最初から不要だ。それでは何も解決しないからこそ、多くの専門家が支援のあり方を模索しているのである。

おわりに

本稿では、ゲーム依存の治療や家族ケアについては触れなかった。どちらも重要な項目である。しかし何をおいても、本人を理解しようという姿勢が第一に必要なものである。慣れ親しんだ仮想世界の遊び場に迷い、いつしか出口がわからなくなってしまった子どもたちに必要なのは、現実の楽しさや醍醐味を感じてもらうことである。説教や正論を重ねて追い詰めることではない。私たち支援者は彼らの理解者として登場すべきである。

子どもたちが仮想の遊び場から出てきたときに見える現実世界はワクワクする場所であってほしい。そこで出会う大人たちはイカした存在であってほしい。現実の人生はつらいこともあるが、予測不能で波瀾万丈な、チャレンジする価値のある冒険世界であることを知ってほしい。私はそう願いつつ、彼らの沈黙に耳をかたむけるのである。

（さくま・ひろし／精神医学）

7

家族の〈叱る依存〉で無力化されてしまう子どもの心理

村中直人　一般社団法人子ども・青少年育成支援協会

二〇二二年、“Habit”という曲が日本レコード大賞を受賞した。この曲を歌うSEKAI NO OWARIは長らく若者に人気のあるグループである。この曲には「大人の説教なんて単なる娯楽だからまともに聞く必要はない」という痛快なメッセージがこめられており、そうしたメッセージが若者たちの共感を得たのだろう。それはつまり、それだけ大人の「説教」に悩む子どもたちが多いことの証左であるのかもしれない。

説教は本当に快楽なのか

実はこの「説教は快楽」という一節、科学的にもおそらく正しい。

もう少し正確に言うならば、規律違反者に罰を与える「処罰感情の充足」は人の報酬の一つであるようだ。たとえば、米『サイエンス』誌に二〇〇四年に掲載された論文「利他的処罰の神経基盤（The neural basis of altruistic punishment）」[1]では、経済ゲームで不正を行った相手に対して罰金を払わせる選択肢（ただし有償）を提示した時の脳活動を測定し、規律違反者に罰を与える決断をした人は背側線条体（脳内報酬系回路の主要部位）が活性化したと報告している。脳内報酬系回路は、ドーパミンニューロンを中心とした神経ネットワークであり、人の意欲や欲求、またそれらの充足や期待による快体験の主要部位であることが知られている。身銭を切るつらさに勝る快感や充足が、罰や苦痛を与える決断にはあるのだろう。興味深いことに、背側線条体の賦活化の程度には負担した費用（すなわち相手に与える罰金の額）と正の相関関係がみられた。つまり、たくさん罰を与えたいと思う程度に比例して、その人の脳内では多くのドーパミンが放出されることになる。この論文以外にも同様の報告は多数あり、どうやら処罰感情の充足は人にとって生理的基盤をもつ生来的な報酬の一つであるようだ。

罰を与えることと、「説教」や「叱る」ことには、苦痛を与えて他者を変えようとする点において共通の構造がある。悪いことをした人に罰や苦痛を与えることが人間にとって報酬の一つなのならば、「至らない若者を説教してやろう」「ダメなやつを叱りつけてやろう」と考える時にも、脳内報酬系回路が活性化している可能性は高いだろう。ドーパミンシステムは強化学習の脳内基盤と考えられている。それはつまり、「説教」や「叱る」行為自体にその行動を強化するメカニズムが存在していることになるだろう。

私はこのメカニズムに基づく叱責の暴走を〈叱る依存〉と呼んでいる。[2]

新しい精神疾患を提唱したいわけではない。しかしながら「インターネット上の炎上」「過度なバッシング報道」「理不尽な体罰」など、処罰感情を充足するための行為を「やめられない、とまらない」状態になっているように見える事例には事欠かない。ここで、この話は本稿のテーマとつながってくる。「子どもを叱り続ける親」はその最たるものの一つだからだ。子どもたちが「助けて」と言えなくなっていく背景に、〈叱る依存〉のメカニズムが重要な役割を果たしているのではないかと私は考えている。

正義の暴走としての〈叱る依存〉

家庭内の〈叱る依存〉が子どもたちへ与える影響を考えるうえでとても大切なのは、それが「規律違反者」に対する処罰感情を充足する行為である点だ。前提としてそこに何らかのルールや規範があり、それに違反、逸脱する者に対して「処罰」したい欲求が生まれてくる。そういった感情の働きはコミュニティにおける協力行動の促進や社会規範の遵守のためのメカニズムであると考えられ、利他的処罰(Altruistic Punishment)と呼ばれてきた。

ここで重要なのは、家庭内における「規律や規範」はほぼすべて親が恣意的に決めることができる点である。親たちは絶対的な権力者であり、気持ち一つで無限に規律を増やすことも、要求水準を高めることもできてしまう。それはつまり、みずからの処罰感情を充足させるために、進んで規律を生み出す危険性があるということだ。多くの場合、親の主観的体感としては、自分の欲求を満たすための行為ではないだろう。子どもをなんとか「まっとうに」育てようとして、思い通りにならない現状を正そうと努力している。しかしながら、処罰感情の充足が人間にとっての報酬である以上、いつのまにか本来の目的を見失った「子どもをただ縛るためだけのルール」が大量に生み出され、その「ルール」を破った子どもにひたすら罰や叱責を与えることが繰り返される恐れがある。それらの行動には強い報酬性があることを忘れてはならない。自己犠牲のコストを払ってでも、罰したいという状態は決して珍しくないのだ。

〈叱る依存〉には正義の暴走の顔が存在している。

いつも正しいのは「叱る」側であり、相手のためを思うからこそ「こころを鬼にして叱る」という言説が、巷にあふれている。しかしながら近年の研究によって、こういった正義の暴走が本当に利他的な行動なのかについて疑問が呈され始めている。たとえば、自己犠牲的な処罰行動の傾向と日常生活の高度に利他的な行動（臓器提供など）に関連性がみられない[3]という報告がある。興味深いことに、自己報告式の利他性尺度の結果は罰行動を予測していた。自分で自分のことを「他人のために動く利他的な存在」であると考えている人は、規律違反者への処罰行動は多いが、日常の利他的な行動が多いわけではなかった。つまり、処罰行動は利他的な心性によって生まれているわけではないことになる。そのため、近年では自己犠牲的な処罰行動のことを「コストのかかる罰（Costly Punishment）」と呼ぶことが増えている[4]。

このことを家庭場面に置き換えて考えてみよう。

家庭内のルールを破った子どもを積極的に叱責し懲罰を与える親は、自分のことを利他的、つまりは「子どものためにしている」と考える可能性が高い。少なくとも教育的な必要性が強くあると信じているだろう。ここに〈叱る依存〉が正当化されてしまう背景心性が存在する。悪いのはこんなにも一生懸命に「利他的」に振る舞っている自分の言うことを聞かない子どもなのだ。しかしながら残念なことに、規範を恣意的に定め懲罰を与え続けることによる教育効果は少ない。そのため、何度も同じことが繰り返されることになる。叱っても叱っても事態は好転せず、子どもの行動は変わらない。最終的に〈叱る依存〉状態が深刻化すると、とにかく「痛い思いをしてわからせたい」という欲求を充足させずにはいられなくなってしまうだろう。その結果、懲罰的な対応に歯止めが効かなくなっていく。

非随伴的環境が生み出す無力化

ここからは、叱られ続ける子どもたちに視点を移そう。

結論から言うと、親が過度の〈叱る依存〉状態になってしまった場合、子どもたちから「助けて」と言える力と意志を奪うことになるだろう。重要なのは、懲罰的な対応を繰り返し与えられる体験が、「自分が働きかけることで、事態を（よりよく）変えることができる」という感覚を奪うことにある。それもそのはずである。ゴールポストは親の気分次第で恣意的に動かされていく。そのうえで、親は「痛い思いをしないと学ばない」という強固な信念をもっていることが多いのだ。子どもの側からすると、何をどうしたところで相手は満足せず、結局は苦痛を与えられるという感覚になっても不思議はない。みずからの行動による状況改善の随伴性を感じられなくなると言ってもよいだろう。

非随伴的な環境で苦痛が与えられた先に何が起こるのかは、学習性無力感に関する一連の研究によって知ることができる。セリグマンとマイヤーは犬に電気ショックを与える実験を用いて、随伴性の欠如が与える負の影響を鮮やかに解き明かして見せた。[5] 彼らは犬たちを、パネルを押すことで電気ショックを回避できる群、回避することが不可能な電気ショックを与えられる群、電気ショックを体験しない群の三つに分けた。重要なのは、回避可能群のパネルが回避不可能群の電気ショックとつながっていることである。つまり電気ショックを受けた二つの群は、まったく同じ苦痛を体験していることになる。そこにある差は、自分の行動で苦痛を止めることができるかどうかという随伴性感覚の有無だけである。

その後研究チームは、シャトルボックスからの脱出という異なるテストを行った。興味深いことに、回避不可能な体験をした犬たちの実に三分の二が逃げ出すことに失敗した。そして回避可能な体験をした犬たちは、苦痛を体験していない犬と同等の九〇%が脱出に成功した。回避不可能な体験をした犬たちは、逃げ出そうとして逃げ出せなかったのではない。そもそも逃げ出そうとしなかったのだ。それはあたかも、回避不可能な苦痛を体験した犬たちが「どうやっても無駄だ」と学習し、逃げ出すことを諦めてしまったように見えた。それゆえ彼らがこの現象を「学習性無力感」と名づけたことは有名である。

学習性無力感を理解するうえで重要なことは、環境や時間を超えて後の行動に影響を与えている点にある。セリグマンらは先の実験をハンモックで行い、後の脱出実験をシャトルボックスで行うことで、環境を明確に変えて施行した。これは環境に対する恐怖条件づけによる行動低下が起きることを回避するための工夫である。結果、学習性無力感は環境と時間を超えて後の受動性を引き起こした。彼らが「条件づけ」無力感ではなく「学習性」無力感と呼んだ理由がここにある。後に彼らは同様の研究を人間相手にも実施し、犬とほぼ同様の結果を得ている。非随伴的環境での苦痛体験が後の受動性を引き起こすことは、どうやら少なくとも哺乳類に共通するメカニズムであるようだ。これは動物が生存確率を少しでも高めるための仕組みなのだろう。強いストレスを感じるとまずは〝fight or flight（戦うか逃げるか）〟という状態になり、危機的状況への対処を試みる。しかしその対処が功を奏せず長期化する場合は、受動性を最大限に引き上げて生命エネルギーを保持することが生存確率を高めることになるのだろう。

　子どもたちに話を戻そう。〈叱る依存〉の対象とされてしまった子どもたちは、最初は親と戦ったり逃げたりする。しかしどう戦ってどう逃げたところで絶対的権力者である親から自由になることはできず、正義を根拠に「説教」され「叱られ」続ける。そして時には罰を与えられる。それは随伴性の感覚を奪われる苦痛体験だろう。そのため、強い受動性が引き起こされてしまうと予想される。それは「助けて」と誰かに呼びかけることとは、真逆の反応だ。だから私たちは規則で縛り、苦痛をもって律する対応に頼ってはいけないのである。しかしその対応は多くの家庭において「よかれと思って」「子どもたちのために」なされているのが現実だろう。そうして環境や時間を超えて「助けて」と言えない、いやそもそも助けを求める発想がもてない子どもが増えていくのではなかろうか。

脳はコントロールの可能性を学ぶ

希望の話もしておきたい。

学習性無力感について知っている人でも、セリグマンらがその後五〇年もの長きにわたりこの現象を研究し続けたことを知っている人は多くないかもしれない。彼らの研究をまとめた近年の論文「学習性無力感の五〇年―神経科学からの洞察（Learned helplessness at fifty: insights from neuroscience）」[6]からその成果を紹介したい。最も興味深いことは、彼らが学習性無力感に関する主要な論考を大きく修正していることである。神経科学的な研究手法を導入することで、脳が学習するのは無力感ではなく「コントロールの可能性」だと考えを改めているのだ。

まず彼らは回避不可能な苦痛が無力感を生み出す回路の重要な部位として背側縫線核《はいそくほうせんかく》のセロトニン動作性ニューロンが重要な働きをしていることを見出した。具体的には苦痛による背側縫線核の強い活性化が、逃避行動の失敗（受動性）と不安につながっていた。重要なことは、背側縫線核の活性化は、社会的敗北のような本質的に制御不可能な他のストレス要因によっても引き起こされるということである。つまり電気ショックのような物理的な苦痛だけでなく、対人関係上のストレスにおいても強い受動性が生じる可能性が充分にあることになる。

ただし、興味深いことに逃避可能な苦痛と逃避不可能な苦痛の両方が、背側縫線核の急速な活性化を引き起こしていた。つまりこの段階では回避可能かどうかは区別されていないのだ。データの違いがあったのはその後である。回避可能な苦痛の場合、背側縫線核の活動が急速に低下することがわかった。それはあたかも「大丈夫だよ」と言い聞かせ、縫線核にブレーキをかけているかのように思えるデータである。紙幅の都合上くわしいことは省略するが、ブレーキをかけているのは腹内側前頭前野・背内側線条体回路であることを後に彼らは突き止めた。この回路の仕事は「（苦痛を）コントロールする方法の検知」である。苦痛を体験した場合、それを何とかする方法を脳は探そうとし、それが見つかった場合にこの回路が働いて、縫線核の働きを抑制する。逆に言うと、苦痛が過度な受動性を引き起こすことは学習する必要のない生来的なメカニズムだったのだ。コントロールの可能性を検知する回路が働いた場合にだけ、特別にストレスの負の影響をやわらげる仕組みになっている。

「免疫化」の希望

脳は「解決の可能性」を敏感に察知しストレスの影響を緩和する。

神経科学と心理学の高度な融合によって生まれたこの新たな知見は、私には福音に思える。さらにセリグマンらは興味深い現象を報告している。ストレス状況をうまく回避した体験が、その後の逃避不可能なショックによって引き起こされる消極性や不安感を防ぐ、あるいは軽減するというのだ。それはまるでワクチン接種による予防効果のような影響であるため、セリグマンらはこの現象を「免疫化（Immunization）」と名づけている。

非随伴的環境での苦痛体験が後の受動性、つまり「助けて」が言えない状態を引き起こすのではなかった。随伴性感覚の欠如、つまり「コントロールの可能性」を学んでいないことが受動性の原因なのだ。この理解の変容は、対人支援者や子どもを育てる保護者にとって、希望を感じる重要なメッセージなのではなかろうか。苦痛にあえぐ子どもたちが「（助けを求めれば）助けてもらえる」「（行動することで）状況がよくなる」と感じられる体験を提供できれば、それまでに起こった受動的なパターンから抜け出す可能性が高くなる。しかもそれがその場限りのものではなく、その後のストレス状況においても子どもたちに「免疫」を与えてくれるかもしれないのだ。

子どもたちの未来や将来を思うのならば、説教してわからせようと考えてはいけない。ましてや「苦痛を与えて強くしてやろう」などと、理不尽な扱いをすることは論外である。考えなくてはいけないのは、苦痛にあえぎ無力感に押しつぶされ「無力化」された若者たちに、どうすればこの世界を「コントロールできる」と感じてもらえるかだ。その体験が、子どもたちの未来においてワクチンのように子どもたちのこころを守ってくれる。子どもたち、若者たちを支援するわれわれは、この希望にすがりつつ、なかなか報われない日々の取り組みを地道に続けるしかないのだろう。

（むらなか・なおと／臨床心理学）

8 死ぬのが怖いのに「助けて」と言えない心理

——子どもが最期までその子らしく生きるために

菊地祐子　神奈川県立精神医療センター思春期精神科

はじめに

前職の東京都立小児総合医療センターでは二〇一〇年三月の開設以来、十余年にわたって小児科領域のコンサルテーション・リエゾンに携わっていた。同時に緩和ケアチームとしての活動も行っており、最期を迎える子どもたちやその家族とも向き合ってきた。はたして子どもたちの本当の願いは何だったのか、自分は彼らのためにいったい何ができたのか、今でも思い悩むことがある。子どもたちが「助けて」と言いたかったのに言えずに旅立っていったとしたらそれはなぜなのか、小児医療の現場の何が課題なのか、医療者と子どもたちの関係はどうあるべきか、そして子どもたちが治療を受ける場はどのようにあるべきか。本稿ではそれらについて考えてみたい。

子どもと「死」を語る？

亡くなった子どもたちの顔を思い浮かべてみると、彼らと「死」について語る場面はそれほど多くはなかったように思う。これは子ども本人や医療者が死について語ることを忌避していたから、というわけではない。乳児や重症心身障害をもつ子どもが亡くなる場合にはもちろん話すことはできないし、重症外傷や急性発症の内科疾患、慢性疾患の急激な悪化によって死に至る場合も、集中治療室等で鎮静下にあることがほとんどであるため、死について彼らと話す時間は与えられない。

治療の経過中に余命がある程度明らかとなり、自分の状況を理解できる年齢に達している子どもと話をする、といった状況は実は多くなく、ドラマのようなシチュエーションが頻回に生じるわけではないというのが現場の感覚である。

最期まで「生きる」

進行性の慢性疾患を患っている子どもが、拒薬・怠薬、離院、受診拒否、不登校などの行動でＳＯＳを表現することがある。もちろん、不眠、不安、食欲不振、抑うつなどの精神的な症状が出現することもある。そうした時私は、「どうせ死んじゃうんだから、もう病院なんかいやだって自暴自棄になったりすることある？」「死んじゃうんじゃないかって怖くなって、眠れなかったりするのかな？」など、割と直截に尋ねることにしている。しかし、子どもの困りごとはいつも「友だちとうまくいかない」「SNSで無視された」「親が（あるいは主治医や看護師が）うざい、むかつく」「受験が心配」といった日常や現実の問題に即したことで、「死ぬのが怖い」と言われたことはない。「もう治療はいやだ。うんざりだ」と言う子どもの気持ちは、死への恐怖ではなく、楽しみにしていたイベントを治療や検査で台無しにされたくない、同級生たちのような日常生活を送りたい、健康な身体になりたい、という「生きること」への強い願いなのであった。

若い頃に成人のコンサルテーション・リエゾンをしていた時期があり、患者さんの限られた時間を一緒に過ごすこともあった。大人が死を前にして悔恨、怒り、無念、心配、心残りなどの気持ちを整理しながら徐々に人生の幕を引いていくのに対して、子どもは最後の最後まで遊び、学び、泣いたり笑ったりしながら全力で生きているのだと、そう実感することが多かった。

これまでたくさんの子どもの死に立ち会ってきた。その中で、子どもは旅立つ時を選んでいるのではないかと感じる不思議な出来事にたびたび遭遇した。単身赴任中の家族が病院にたどり着くまで、あるいは修学旅行に出かけたきょうだいが帰ってくるまで待っていてくれたとしか思えないタイミングもあったし、両親が子どもの喪失を受け止め、その後の人生を生き抜くために必要な思い出がたまるまで頑張ってくれたのだなと思うこともあった。医療者が子どもの尊厳と救命優先の原則のはざまで苦悩し、話し合いを重ねた結果、高度医療の提供の中止を決定する、まさにその時に旅立っていく子どももいた。「もうそんなに悩まなくてもいいよ」と、子どもたちがわれわれを赦してくれたのかもしれない、そんなふうに感じることもあった。

また、子どもと話をした時に「お母さん（お父さん）もしんどいだろうから、別の部屋でお話ししてきていい？」と聞いて拒否されたことはないし（精神科臨床では保護者と主治医のみで話をするのを拒む子どもは珍しくない）、むしろ親の面接が必要な状況になると、「荒れる」ことでサインを出して教えてくれる子どももいた。一番近くにいる親の心理状態が子どもに影響するのはもちろんだが、子どもたちのほうもいつでも家族のことを思っているのだ。親が「もっと早く気づいてあげられれば」「健康な身体に産んであげられなくて申し訳ない」とやり場のない思いを抱いているのと同時に、子どもも「迷惑かけてごめんね」「元気になれなくてすみません」といった思いを家族に対して抱いているのである。

死期が迫った闘病中の子どもに「死ぬのいやだ、怖いって思うことある？」と聞いたことがある。その子は、「それはもう、今言ってもわかんないことだし、その時はその時でしょうがないじゃん。先生（主治医）にまかせるしかないよ。でも……」と黙り込み、「家族のことかな？」と聞くと、涙ぐんで頷いた。「どんな状況になっても、ちゃんとお父さん、お母さんのことをサポートするね」と約束すると、その日から抗不安薬の使用が減少する、そんなこともあった。

迫りくる死への怯えを直接的に表現するのではなく、日常や現実のことにイライラしたり憤ったりすることや、自分のことではなく家族の心配をすることを「否認」や「置換」といった心理的防衛機制、いわゆる大人側の解釈や理屈で説明することもできるのかもしれない。それでも子どもたちが最期まで命の炎を燃やし続けるなら、われわれは精一杯その「今」に伴走するしかない。そんな気持ちで子どもたちと向き合っていた。

子どもたちがその子らしく生きるために

精神科医として小児科の患者さんたちと付き合っていると、あまりにも「おりこうさん」なので驚くことがある。とくに幼い頃から疾患や障害を抱えている子どもは、服薬も採血も点滴も検査も入院も手術も「いやだ、やりたくない！」と言ったところで、その願いが聞き届けられることはない。「なんで僕だけこんなことをしなきゃいけないんだ！」とごねた時のお母さんお父さんの悲しそうな表情、困り顔の医療者に懸命に謝る親の姿、そんな光景をたくさん目の当たりにすれば、無力感をベースにした過剰適応がその子の生きるスタイルになってしまうのも無理はない。過剰適応のまま育った子どもたちに、いざ死期が迫った時だけ「気持ちを話せ」と言ってもそれは無理というものである。だからといって、現在の願いを優先するあまり、その子の生命や未来を台無しにすることも、むろん本末転倒である。子どもたちが自分自身のために主体的に医療に参加し、その子らしい人生を歩んでいくために、われわれ医療者は何をしたらよいのだろうか。

子どものケア

まずはその子どもの年齢や能力、発達の度合いに合わせた言葉で、病気のことや治療の意味をきちんと教えているか、説明しているかということがケアのスタートとなる。大人であれば医療が提供される際に当たり前に行われる手続きであるが、小児医療の中では子ども本人への説明は省略され、親と医療者のあいだでだけ物事が決まっていき、治療を受ける本人は蚊帳の外に置かれていることも珍しくはない。

とくに先天性の疾患・障害や、幼少期に罹患したあるいは発見された疾患の場合には、保護者と医療者の契約で治療が開始され、子どもが大きくなってもそのスタイルが変わらない、変えるタイミングを逃してしまっていることもある。たとえば慢性疾患の治療中に不登校となり、小児科医から紹介されてきた中学生に「君は何の病気で○○先生のところに通っているの？」「どんな治療を受けているの？」と聞いても説明できず、困った表情でそばに座る母親の顔を見上げる、といったことが生じうるのである。本人に問いかけても付き添いの親が先に答えてしまうことが多いのも、小児患者によくみられる特徴である。「忙しい先生を外来で煩わせてはいけない」「先生に迷惑をかけない、いい患者でいなければならない」といった親側の過剰な配慮も大いにあるのだろうが、この状態で子どもに「主体性」を求めるのも酷な話ではなかろうか。専門科や疾患の種類にかかわらず、成長に合わせて現状の説明や治療についての話し合いをしていくことで、子どもが親を介さず医療者に直接質問したり交渉したりできるようにしていくこと、必要な時に自分の状態を他人に説明できるようになることをまずは目指すべきである。

ちなみに以前、親友の心臓外科医に「何歳から手術の説明をしたらいいのかね？」と尋ねられたことがある。その時私は、「日本語でやりとりできるようになったら、じゃない？」と答えた。彼は今、二歳の患者さんにも「明日、ここを切って悪いところを治すね。お傷が残るけど、君に生きていてほしいから、一緒に頑張ろう」と説明をしているそうだ。内容はわからなくても、医師が親だけでなく自分と真摯に向き合ってくれること、そのことが治療における子どもの主体性を育むのだろうと思う。

次に、子どもに選択肢が与えられているか、子どもの選択が尊重されているかを考える必要がある。もちろん治療を受けるか受けないか、治療に必要な服薬や処置をするかしないかといった生命にかかわる選択を子どもに委ねるというわけではない。多くが大人の論理や都合で進んでしまう医療の現場で子どもが選べることをいかに増やすかということが、「子ども中心の医療」を推進するための鍵なのである。

たとえば服薬一つとっても、「忙しいから今すぐここで飲んでほしい」大人の事情と、「(何らかの理由で)今は飲みたくない」子どもの気持ちがぶつかった時には、「どうしたら薬を飲ませられるか」ではなく、まずその言動の裏側にある子どもの「言いたいこと」を汲み取る視点が必要である。今はゲームがいいところだから、今日は何だか気持ちが悪いから、さっきお友だちとけんかしてそういう気分じゃないから、お母さんがお見舞いに来ないからさみしくて……など、子どもには子どもの事情や気持ちがあるものだ。だからといって治療をしなくてよいわけではないが、「じゃあ、もう飲まなくていい」などの言葉で見捨てられ感を助長するのではなく、「飲まないと注射になるよ」と脅すのでもなく、ピンクのコップで飲むのか青いコップで飲むのか、看護師さんと飲むのか先生と飲むのか、自分の部屋で飲むのか別の部屋で飲むのか、もうちょっと後だったら飲めるのかといった選択肢を大人側がいくつ提示できるか、子どもが自分の選択した何かをもって治療に立ち向かえるかということが大切なのである。

「子どもの都合」は大人からすれば取るに足らないものだったり、明らかに優先順位が間違っていたりすることもある。しかし、たくさんのやりたいことを我慢して、たくさんのやりたくないことを頑張っている、その子どもたちの悔しさや本当の願いが汲み取られているかを考えることを忘れずにいたい。そうはいっても、どうしても「今ここで」薬を飲んでもらわなければならない時（検査の時間が迫っている、血中濃度の関係で服薬の時間が厳密に決まっている、今日はどうしても人手が足りない、など）には、子どもに事情を伝えて協力をお願いするしかないのではないかと思う。「言うことを聞かせる」のではなく、子どもと大人がお互いに「意見を出し合って」「譲り合って」治療を進めていく感覚が、双方のあいだで育まれることが肝要である。

そして、子どもが患者ではなく子どものままでいられる時間をどう確保するかということも、小児医療の重要な課題である。小児専門病院ではプレイルームの設置、院内学級や訪問授業などによる教育の保障、保育士、心理職、チャイルド・ライフ・スペシャリスト、ホスピタル・プレイ・スペシャリスト、ファシリティドッグ、クリニクラウン（ホスピタルクラウン）の訪問など、子どもの遊び・学びにかかわる資源や活動が数多く提供される。「病気なのに勉強させるなんてかわいそう」「子どもの闘病は気の毒だからせめて手厚くみてあげているのだろう」といった誤解を受けることも多いのだが、学びや遊びは子どもたちの「育ち」を保障するために必要不可欠なものである。月単位、時に年単位の入院治療が必要な子どもたちや頻回に入退院を繰り返す子どもたちにとって、病院は治療しながら生活し、成長していく場でもある。当たり前のことだが治療は子どもたちの人生の一部であって、治療のために子どもたちの人生があるわけではない。入院中でも子どもは育ち、遊びや学びを通して「患者ではない自分自身」

に出会っていくのだ。自分はどんなことが好きでどんなことが嫌いか、何が得意で何が苦手かといった「自分らしさ」を育まれ大切にされることは、すべての子どもに必要な育ちの過程である。子どもに残された時間が短い場合でもそれは同様であり、疾患や障害、迫りくる死にばかり目を向けるのではなく、その子らしさとは何かを見つめるまなざし、その子らしく生き抜くためにはどうしたらいいかを考えるこころをもち続けたいものである。

家族のケア

病気を患う子どもたちと家族との関係は千差万別である。わがまま放題、反抗的な態度や八つ当たりのようなことばかりしている子どももいれば、過度に親を気遣って大丈夫なふりをしたり、思春期でも心配のために自分のそばを離れられなくなった親を静かに受け入れている子どももいる。きょうだいに対しても親を独り占めしている優越感と罪悪感、健康な生活を送ることに対する嫉妬や羨望、自分がいなくて大丈夫かという心配など、複雑な感情を抱いているものである。

そういった子どもの抱く感情に目を向けることも大切ではあるが、子どもたちの気がかりである「家族」をケアすることで、子どもの心理的な負担を軽減することができる。具体的には心理ケアを目的とした保護者面接やきょうだいへの疾患教育をはじめ、必要な社会資源につなぐこと（制度利用や助成金にかかわること、きょうだいの保育や学校に関することなど）、遠方から来ている家族に対する宿泊施設や飲食店、入浴施設の案内など、医療以外のサポートが家族の安定につながることも多い。家族やきょうだいたちは生活を送りながら闘病する子どもを支えているし、治療が終われば子どもはまたその生活の中に戻っていく、もし子どもが亡くなったとしても家族の生活は続いていく、という広い視野と長いスパンで、家族全体の生活を支える視点が必要である。

医療スタッフのケア

小児科は患者と医療者の物理的・心理的な距離が近いゆえに、安心・安全な治療環境を守るには、患者・家族だけでなく医療スタッフのメンタルヘルスを維持していくことも重要である。しかしながら現場で働くスタッフは、患者や家族の負の感情に対処したり、患者への強い共感が生じたり、「助けてあげられない」という自責感を抱き自信喪失に陥りやすかったりと、常に心身の消耗と隣り合わせである。さらに、子どもを喪う、あるいは喪うかもしれないという体験は、家族のみならずその場にいるスタッフにも強いストレスとなり、こころの傷として残ってしまうことも少なくない。にもかかわらず、小児医療の現場では、子どものための努力や自己犠牲が当たり前になっていて、つらい、苦しいといった自身の気持ちを抑圧する傾向が強く、気合や根性でそれを乗り越えなければならないという文化が少なからず残っているように思う。

前職では、亡くなった子どもについての「振り返りの会」を行って、その子どもと過ごした時間を思い出し、私たちが子どもや家族と共有した時間にはどのような意味があるかを再確認し、スタッフ自身の気持ちをシェアする場を設けていた。また、バーンアウトやストレス／トラウマに対する反応、セルフケアについての講義を行ったり、気がかりなスタッフには声をかけて個別に話を聞いたりして、現場のスタッフのメンタルヘルスの維持に努めていた。

小児医療の現場では昨今、子どもや家族のこころのケアに多くのエフォートが割かれるようになったが、スタッフのこころもそれと同じかそれ以上にケアされるべきだと思っている。子どもや家族の気持ちと同じくらい自分自身の気持ちも大事にしてほしい、自分をいたわってほしい、苦しくなることは恥ずかしいことじゃない、つらい時には相談してほしい、といったメッセージを医療スタッフに発信することも、小児医療にかかわる精神科医や心理職の担う重要な役割の一つであろうと思う。子どもにかかわる大人が自分自身を大切にし、お互いを気遣い、ねぎらい、いたわり合うことで、子どもたちが治療をしながら育ちゆく場が、より穏やかで豊かな土壌として機能するのではないかと考えている。

おわりに

旅立った子どもたちが本当に言いたいことは何だったのか、彼らの願いや祈りを私はきちんと受け止めていたのだろうか、彼らが孤独や恐怖に苛まれる夜があったなら、人知れず泣いていることがあったなら、私は何をしてあげられたのだろうか……。小児医療の現場を離れた今でも時折そんなことを考える。どんなに知りたくてももはや知りえない答えを、考え続けていくしかないのだろう。いつか私があなたたちのいるところにたどり着いたらどうか教えてくださいね、と祈りながら。

（きくち・ゆうこ／精神医学）

9 社会とつながりたいのにつながれない
——少年院出院者に対する支援

仲野由佳理　日本大学非常勤講師

はじめに

「少年院出院者」に対する支援の中心は、地域社会への移行にある。ところが少年院出院者は、加害をめぐってさまざまな課題・問題を抱えており、彼らを支援する支援者も、司法・心理・医療・教育・福祉など複数の領域に対する理解が必要だ。その点で、少年院出院者への支援は難易度が高いと言えるわけだが、とりわけ支援者を悩ませるのが「問題が次から次へと生じる」「ある問題を解決したと思ったら、別の問題にネガティヴに作用してしまった」など、〈問題の連動性〉である。立て続けに思わぬ問題が起きれば、支援者の戸惑いは大きなものとなるし、問題が次から次へと現れるので「出口」が見えないという錯覚に陥る。とくに少年院出院者の場合、地域社会への移行過程で明らかになる少年の保護者の意向、事件関係者（被害者）の意向も無視できない。それが少年の意向と合致しないこともあるだろう。そのため支援者が「問題が解消された未来」を思い描くこと／描き続けることは容易ではない。

これは少年にとっても同じだ。問題が（ある程度）解決・解消した未来をイメージできなくなり、支援を受けることに消極的になったり、支援者にネガティヴな感情をもったりすることもあるだろう。「どうせ助けてもらえない」「望む未来は自分には縁がない」と悲観してしまうことすらある。そもそも、私たちは少年院出院者に対して、特定のイメージ（「真っ当に頑張り続ける真面目な姿」「少年院生活を経験して反省、更生したはず」など）を当てはめがちだが、少年院生活を経験したとはいえ、彼らは「普通の若者（人間）」である。真面目に取り組む日もあれば、怠ける日も、反抗的な態度を見せる日もある。思ったように社会復帰できない焦りで自暴自棄になる日もあるし、悔しさから誰かに八つ当たりしてしまう日もある。そんな彼らの姿に、家族や周囲の支援者は「本当に生活を再建する気があるのか」「立ち直りに向けて頑張るつもりがあるのか」と疑問に思うかもしれない。しかし、筆者が出会った少年院出院者や在院者は、誰もが再び社会や他者との関係を結び直すことを強く願い、少しでも「以前よりはマシ」と思える「自己」の再構築に向けて悪戦苦闘する日々を送っていた。

その一方で、素直に（わかりやすく）ＳＯＳを発信できないなど、彼らはいささか不器用だという思いももっている。その背景には、「加害に関与して少年院生活を経験した」という事実が重くのしかかっていると考えられるが、まずは彼らが辿ってきた道を理解することで、そんな等身大の少年院出院者の姿を描けるだろう。そもそも「少年院出院者」とは何を意味する言葉なのか。ここから説明を始めたい。

「少年院出院者」とは「矯正教育を修了したもの」のこと

「少年院出院者」とは「矯正教育を修了したもの」のことである。この当たり前のように思える説明は、社会的にはあまり理解されていないと筆者は感じている。むしろ、「過去に何らかの加害に関与したもの」と捉えている人のほうが多いのではないだろうか。たしかに、少年院入院の前提には「加害（法に抵触する／する可能性がある）」が関係しているが、それはあくまでも入院のきっかけであって、少年院出院者を説明するものではない。より重要なのは、その後一年ほどのわずかな期間で、彼らに対して集中的な教育・治療が行われているということ、そしてそれらの教育・治療を経て「更生可能性」が認められて社会復帰へと段階を進めたものが少年院出院者と呼ばれているという〝事実〟である。

一般的には、この一年ほどの期間で、少年がそれまで十数年かけて身につけてきた価値観や態度を変えられるのか、という疑問はあるだろう。この疑問を払拭するには、矯正教育で何が行われているのかを知る必要がある。矯正教育とは少年院で実施される教育のことで、学校教育と類似した構造をもつ。学校教育と同じく五領域（教科教育、生活指導、職業指導、特別活動指導、体育）で構成されるが、矯正教育が「改善更生」を目的とすることから、生徒指導領域が充実している。認知行動療法に基づく心理教育（ＳＳＴ、アサーショントレーニング、アンガーマネジメント、マインドフルネス）なども実施され、少年の経験した加害に応じたさまざまなプログラムが受講できる。また、二四時間拘禁状態に置かれるわけだが、寮生活を通して基本的な生活習慣や集団生活のルールを学ぶ。

そして、少年院は在院しているだけでは出院できない。入院後は三級から一級へと進級していく段階別評価となっており、法務教官（＝少年院の先生）の支援を受けながらではあるが、示された課題に丁寧に向き合い、問題を克服していかなければ出院することはできない。法務教官は、さまざまな手法や専門知識を用いて「少年の能動的な態度・考え方」を引き出していく。[1] こうして少年は「矯正教育の修了者」（＝少年院出院者）になっていく。

注意しておかなければいけないのは、「矯正教育の修了者＝更生／立ち直りの完了したもの」ではないという点だ。矯正教育は外部からの刺激をコントロールした「無菌室のような教育の場」で行われるもので、実体験を伴わないそれは、言ってしまえば「思考実験」「突貫工事的な介入」に過ぎない。学んだことが活かせるかどうかは社会生活を再開して初めて証明されるのだから、少年院での矯正教育はトライアルと考えるのが正しい。そして「立ち直り」の本番は、少年院を出院し社会生活を再開した後にやってくる。この本番には、保護観察官・保護司という新たなサポーターとともに挑むことになる。少年院出院者は、出院してからの一定期間を「保護観察」の対象者として過ごし、保護観察官・保護司の定期的かつ継続的な支援・援助を受ける。この期間は、矯正教育を通して学んだ知識と技能を実生活で試しながら、「（少年の生活圏で）使える知識と技能」へと調整することが主な目的となる。

しかし皮肉なことに、少年院での管理的な生活に慣れた少年ほど、自由な社会生活への移行には戸惑いも大きい。たとえば、少年院ならばみんな一緒に朝型の生活を送れるわけだが、社会生活を再開した途端に夜型の生活に戻ってしまう。少年院ではやる気に満ちていた勉強も、スマホやゲームのある状況では魅力的には感じにくいだろう。非行の誘因となる過去の仲間関係を断ち切るスキルを得たはずなのに、仲間関係が途切れる不安と孤独感から再び交友関係が再開してしまうことも珍しくはない。少年院生活を経験した少年も家族も「こんなはずではなかった」と思い悩む時期、出院後の生活とは、そのようなものである。

少年院出院者はマイノリティである

こうした変化や戸惑いの時期には、同じような経験をした「先輩」の意見や助言が参考になる。ところが、少年院出院者の場合、そうした自助・共助のネットワークにつながるのは簡単なことではない。それは少年院出院者という存在自体が、圧倒的なマイノリティだからだ。

そのことは統計データからも読み取ることができる。少年の場合、何らかの事件に関与すると家庭裁判所の調査・審判を受けることになるが、令和三年版犯罪白書によれば、令和二（二〇二〇）年の家庭裁判所終局人員は四万三八七二人である。そのうち一万二八〇六人が保護処分の対象であり、さらにそのうち少年院送致の決定を受けたのは一六二四人である。これは家庭裁判所終局人員の三％程度に過ぎない。令和二年の出院者が一六九八人であることからも、少年院生活が極めて特殊な経験であることがわかる。

そのため、少年院を出院した後の生活再建がどのように進むのか、そこでの課題は何であるのか、一般的にはあまり知られていない。たとえば、令和二年の出院者の状況をみると、出院後の進路としては就職決定が三六・八%、進学決定が〇・六%、中学復学決定が一・九%、高校復学決定が三・五%、短期大学・大学・専修学校復学決定が〇・六%、就職希望が三八・五%、進学希望が一五・五%、進路未定が一・四%となっている（令和三年版犯罪白書）。就職し、自立した生活を送るものが多いと解釈できるが、就職率や定着率には男女の違いがあるだろうし、帰住先が家族のもとかそれ以外か（職場の寮、更生保護施設、福祉施設など）でも異なるだろう。仮に家族のもとへ帰住しても、家族が協力的なのか、非協力的で早期の自立を迫られているのかによっても状況は異なる。

　こうした個別性は、少年院出院者の「立ち直りのロールモデル」を、少年と支援者のどちらに対しても描きにくくしていると考えられる。また、保護観察官や保護司のように更生保護の領域に長年かかわり続ければ別だが、必要に応じて支援に協力する専門職の場合は、ケースをこなして経験値を積み上げることも難しい。また、前述のような「少年が少年院で学んできたこと」は、組織的に情報連携されるものではない。彼らが少年院で学んだこと、成績や寮生活の様子などを知ることなく支援が開始された場合、矯正教育で獲得したもの（知識・技術）と、支援者が「望ましいもの」として提示するもの（知識・技術）とが齟齬をきたすこともある。その葛藤にどのように向き合えばよいのか、少年院を経験した先輩の自助のネットワークがあれば相談も容易いだろう。しかし、そうしたネットワークにつながらなかった場合、法務教官（矯正教育）を信じるのか、それとも社会内の支援者（更生保護、多領域の専門家）を信じるのかは、少年自身が「答え」を見つけ出さなければならなくなる。近年では、少年院と保護観察（更生保護）の連携強化が進んでいるが、少年院出院者がマイノリティであるからこそ、支援をめぐる心的葛藤を減じていく工夫が必要であろう。

少年院を経験したからこそ「一人で頑張らなければ」

さらに筆者が最も気になるのが、少年院出院者の語りから感じられる「少年院を経験したからこそ『一人で頑張らなければ』」という子どもらしからぬ気負いである。少年院出院者のなかには、養育環境に問題があるので、その環境に戻って新たな加害・被害に巻き込まれるよりは、自立してでも安全な環境で生活したほうがよいと自立を目指す場合がある。もちろん、一〇代の少年が社会生活の中断を経て、地域社会に溶け込もうとするのだから、それには相当の覚悟と努力が必要である。職探し・家探し、転居にかかわる諸手続き、日々の生活の維持、それらをすべて一人で行うのは簡単なことではない。

たとえば、筆者が出会った少年院出院者のAは、一人暮らしを開始した途端、十分な食事がとれなくなったと語っていた。一人で食事の用意をするのは億劫で、炊飯器のスイッチを入れるのがやっと。それをモソモソと一人で食べていると、孤独感が募って食事が喉を通らないという。Aは複数の「信頼できる大人」に相談できる環境にあったはずだが、支援・援助を受けることに消極的（遠慮している）と感じられた。体調を崩すほど苦しい状況だったが、「一人で頑張る」というのである。

同じく少年院出院者のBは、本人のアルバイト代を家計に入れることを条件に、家族が受け入れを容認していた。家族が少年の労働力（経済力）をあてにしていることは、傍から見れば明らかだったが、Ｂは、家族に対する期待が裏切られてもなお、自分一人が我慢して頑張れるという態度（昼夜働き続けて家計を支える）を最後まで崩すことはなかった。そこまでして「一人で頑張る」ことにこだわりを見せる背景（遠因）とは何か。そこには、少年院での生活を通して「（前向きに）変わった」という実感と、「信じられる大人（法務教官）との出会い」の経験があるのではないかと考えている。たとえば、Ｂは警察に逮捕された時のことを「ほっとした」と語るほど、加害から解放されたいと強く願っており、少年院生活で信頼できる法務教官と出会ったことで人生観が劇的に変わったと語っていた。それは、Ｂにとって感動的な「立ち直りのきっかけ」のストーリーであったが、だからこそ「一人の力で立ち直る」ことにこだわりを見せていたように思う。それこそが「本物の立ち直り」とでもいうように。

もちろん、少年院では「たった一人で立ち直りの道を歩まなければならない」とは教えていない。出院後は保護観察に移行し、保護観察官・保護司のサポートを受けて社会復帰することを伝え、困ったら相談する機関を紹介するなど、他者の協力を得ながら生活再建をしていくようにさまざまな情報を提供している。もし、少年院を経験したからこそ「一人での立ち直り」にこだわるならば、それは矯正教育の逆機能であるし、少年院出院者に対する支援の「盲点」でもある。

おわりに
――加害経験がもたらす「こころのブレーキ」

そもそも少年院出院者の多くは、基本的にＳＯＳを発信するのが苦手だ。彼らがＳＯＳを発信できていた／できるのならば、少年院送致を経験することもなかっただろう。それを念頭におけば、わずかな期間の矯正教育を修了したからといって、急に他者を信頼して必要に応じて支援・援助を申し出る主体にはならないとわかるだろう。もちろん、少年院では法務教官に信頼を寄せ、さまざまなことを相談したり、頼ったりすることもある。それは、「法務教官」が、少年を支援・援助することを職務とし、自分たちを裏切らない存在だと理解しているからだ。その前提があって初めて、少年は安心して弱点・弱みをさらけ出せるのである。

ところが、社会生活を再開すれば、信頼できる相手かどうかはみずから判断していかなければならない。もちろん保護観察官や保護司も、保護観察期間の終了までサポートすることを職命とするが、支援の主軸である保護司は民間ボランティアである。月二回の面談は、決して少なくない支援・援助の機会だが、問題が生じた時にリアルタイムで支援・援助を受けられるとは限らない。それ以外の支援者であればなおさらである。何ら縛りのない関係の中で、信頼して裏切られる恐怖、本当に信頼してよいものかという疑念を払拭することは、少年にとって容易くない。とくに、「加害に関与して少年院送致になった」ことに自覚的な少年院出院者ほど、支援者が受け入れてくれると信じることは難しい。目の前にいる支援者は自分の加害のことをどう思っているのか、怒られてしまうのだろうか、嫌われてしまうのではないか、そんな一つひとつの疑念が、「助けて」と声をあげようとする少年の「こころのブレーキ」になる。

支援者には、この「こころのブレーキ」の存在、そして彼らの中に隠れる葛藤にこころを寄せてほしい。一見すると怠惰に見える（かもしれない）姿は、将来に対する諦め、社会／他者への不信、自分自身に対する苛立ちなど、複雑な感情によるものだと理解してほしい。そして、素直ではない彼らのありのままの姿（感情）を受容してくれる他者が一人でも増えることを願っている。

（なかの・ゆかり／教育社会学・矯正教育学）

10 「助けて」と言ったら助かる社会に

——社会的養護のもとで育った若者たちの「声」

永野咲　武蔵野大学人間科学部

家族依存社会で家族が機能しないとき——「助けて」を言う相手がいない

「自分を応援する観客が一人もいない駆けっこで、走っているような人生」

「自分が努力して何かを成し遂げても喜ぶ人はいないし、失敗しても悲しむ人はいない」

「〝壁〟にぶつかったときに、後ろを振り返ったら、誰もいなかった」

これまで、社会的養護のもとで育った若者たちと出会う中で、こうした切実な声を聴いてきた。家族依存社会の中では、子どもたちが家族以外とのつながりをもち続けることはそう簡単ではない。このことは、家族がしんどかったり機能しない子ども・若者にとって、〝「助けて」が言えない〟以前に、そもそも「助けて」を言う相手がいないという切実な事態をもたらす。

ステイホームが叫ばれ、家族以外とのつながりに対してはソーシャル・ディスタンシングが求められたコロナ禍において、社会的養護のもとで育った若者たちに生じた影響は甚大だった。当事者の参画を推進するNPO法人インターナショナル・フォスターケア・アライアンス（IFCA）と共同で実施したアンケート調査[※]では、社会的養護のもとでの生活経験がある回答者四二五人のうち、約二割が食料の確保に困難を感じ、三割以上が一ヵ月以内に経済的に困窮する可能性を訴えた。さらに約四割が必要な医療、精神的ケア・カウンセリング、薬の入手ができずに困っていた。

　こうした重大な危機に直面しても、社会的養護のもとで育った若者たちが、原家族や社会的養護の元の養育者を頼ることは難しい。相談ができたり支援を得られるケースワーカーや施設職員・里親がいる若者は二五・九％にとどまり、二七・八％が「自分だけでどうにかしている」または「ほとんど自分だけでどうにかしている」ことがわかっている。自由記述には、「頼れる親族が少ないことを再確認し、孤立感を抱いた」「困っても生活費や食料を援助してくれるような身内もいない」といった声が寄せられた。[1]

　信頼に足るつながりがないことは、物質的・精神的な欠如を生むだけでなく「ライフチャンス」の剥奪にもつながる。ライフチャンスを「社会構造によって付与される個人の発展のための可能性」と定義したラルフ・ダーレンドルフは、ライフチャンスとは「オプション（options）：社会構造が付与している選択可能性」と「リガチュア（ligatures）：帰属・社会的なつながり」という二つの要素の関数であるとし、オプションだけでなく、社会の中での個人の位置を定め、人々の行動の基盤をつくり選択に意味を付与するリガチュアの重要さを指摘している。[2]

社会的養護のもとでは、多くの子どもが養育者の変更を経験する。また、社会的養護のもとで出会うおとなは専門職であることが多く、それは、業務や任期によって築いてきた関係性が途切れることを意味する。社会的養護のもとで安定したおとなとの関係性（リガチュア）を維持することの難しさは、米国でも同様に指摘されてきた。彼らが必要とするのは「生涯を通じた」「親族のような」つながりであり、それを得ることを助けるツールとして、全米規模で活動する当事者団体FosterClubが二〇〇七年にパーマネンシー・パクト（Permanency Pact）を提案している。[3] これは、社会的養護のもとで育った若者と、若者みずからが選んだ信頼できるおとなである「サポーティブ・アダルト」が、相互にサポートの意思を確認し「パクト（約束）」を結ぶもので、この関係性のファシリテートは児童相談所のソーシャルワーカーや年長の当事者が行う。互いに「人と人」としてのかかわりを表明し、社会的養護のもとで育った若者に欠如しがちな、信頼できるひとりのおとなとの「生涯を通じた」「親族のような」つながりをもたらすことを助けるものである。

家族が機能していることを前提とする社会で、社会的養護を必要とする子ども・若者たちが「助けて」を言うには、まずその相手を見つけることに高いハードルがあることを忘れてはならない。人がつながりの中で生き、回復していくものだとしたら、リレーショナル・パーマネンシー（永続性のある関係性）の重要さを再認識し、人と人とのつながりをつくっていくことが求められるだろう。

「声」とコントロールを奪われる経験の蓄積
――「助けて」が機能しない

次に、社会的養護を必要とした子ども・若者が「助けて」を含む「声」をあげることの難しさについて考えたい。

まず、これまでの経験の過酷さによって声を奪われ、語ることができなかった／できないということについてである。厚生労働省による児童養護施設入所児童等調査[4]によれば、児童養護施設で生活する子どもの六五・六％が虐待を経験しているとされる。それまで過ごしてきた家族や環境との分離を含めると、社会的養護を必要とした子ども・若者のほとんどが逆境を経験していると考えることもできる。

逆境的な環境で育った子どもにとって、自分の気持ちや感情は、生き延びるために蓋をしなければならなかったものだ。蓋をあけて感情を表したことでさらなる危険にさらされたことも多かっただろう。栗原心愛さんが虐待により亡くなった二〇一九年の事件では、本人がＳＯＳを訴えた学校のアンケートが父親に渡され虐待死のリスクを高めたとされる。たとえ声をあげても、無視されたり、事態が改善しなかったり、むしろ危険が増す経験を重ねていけば、声をあげようとする気持ちや声そのものが失われていく。

また、社会的養護のもとで暮らす子どもやかつて暮らした若者は、自分の生まれや生いたち、保護・措置された理由についてはっきりと知らされていないことも多く、「自分が何者か」というアイデンティティが不明のことがある。さらには、境遇やルーツが突然開示されることによって、自身の人生や育ちが混乱することもある。加えて、自身の生命や存在を身近なおとなたちから否定された経験があれば、「自分を大切にする」ことは難しくなる。こうした「生の不安定さ」[5]に対して、自身の「生」について知ること——生い立ちや家族との関係を整理していくこと、自責の感情を修正しながら過去との連続性を取り戻していくこと、ただ事実を伝えられるだけでなく保護者に代わる養育者に大切に育てられてきたと実感できること、「あなた自身がとても大切な存在である」と伝えられること——やそのための支援が重要である。こうした取り組みが、「助けて」以前の「生きること」そのものをつないでいく。

さらに、社会的養護という制度の中では、子どもたちの意見や声が十分に聴かれず、人生のコントロール権を剥奪されている感覚に陥ることも少なくない。どうして家庭から離れなければならないのか、これからどこで誰といつまで暮らすのかといった、自分の人生にかかわる重要な事柄が、周囲のおとなたち（社会）に次々と決められていく。自分の重大なことの決定にコントロールが及ばない感覚は、何かを言っても無駄だという思いを抱かせ、主体性を剥奪していく。ケアやプランの決定に子ども本人が加わり、自分の人生に関して意見が表明できる対話の場を保障していく必要がある。

社会的養護の社会的位置

——「助けて」を言う社会での周縁化

次に、社会的養護に向けられる社会からの眼差し、すなわちスティグマの問題が、子ども・若者に口を閉ざさせてきた点について考えたい。

児童養護施設で暮らす子どもとスティグマについて研究した田中は、児童養護施設の本当が一般の人々に知られていないために、作られたイメージ（社会的眼差し）が子どもたちに向けられ、子どもたちがその社会的イメージを敏感に感じ取り、社会における自身たちの「立ち位置」を取り込んでいくと指摘する。[6]そして、「ステレオタイプ的な負の烙印、つまりスティグマの付与過程は、場合によっては、家庭崩壊そのものよりも子どものパーソナリティの形成に対して深刻な影響を及ぼす問題となりうる」という。[6]また、児童養護施設で育った若者に対する生活史インタビューから児童養護施設生活者／経験者のアイデンティティ問題を考察した内田は、「隠され、時に同情され、あるいは偏見・差別の対象ともなりうる施設・施設経験生活者／経験者にとって、自らの社会的アイデンティティのひとつを構成する施設経験は、施設経験生活者／経験者であることをカムアウトする際に問題として立ちはだかる」と指摘している。[7]社会的養護のもとで生活することに対する社会からの眼差しが厳しく、差別的なものである／あったことが、境遇の（部分的な）公開を含む声をあげることを困難なものにするのではないだろうか。

社会的養護のもとで育った若者たちのその後の生活状況が厳しい場合があることも、声をあげることを難しくしてきた一因であると考えられる。たとえば教育機会の格差をみれば、児童養護施設で暮らす子どもの高校中退率は一七・二％であり、これは社会全体の高校中退率一・七％のおよそ一〇倍である。[8]また、令和三（二〇二一）年における大学等進学率は、全高卒者が五六・一％のところ、社会的養護からでは二二・六％となっている。[9]さらに、措置解除となった若者の生活保護受給率は同年代全体の一八倍以上であり、深刻な経済的困窮に陥る割合も非常に高くなっている。[8] こうした「オプション」の格差や、同年代と同じような選択肢がないと感じる状況や生活の困難さが諦めを生み、声をあげるエネルギーをいっそう削いできたのではないだろうか。

当事者の声に対する軋轢と対抗
――「声」はどう扱われるか

たとえ「助けて」を含む声をあげようとしても、その道のりに軋轢が生じることもある。宮地の環状島モデル[10]を借りれば、社会的養護の環状島の〈尾根〉へ登り、自身の「声」をあげるには、いくつもの〈重力〉があり、さらに上空にはいつも強い〈風〉が吹き荒れているのだ[11]［図表Ⅰ-10-1］。

その〈風〉の一つは、社会的養護の受け手であったのが子ども時代であることで、発言を責められたり疑われたりするアダルティズム（adultism）である。「助けて」を含む自分の意見や社会的養護の改善を訴えても、「子ども（だった人）にはわからない」「わがままだ」「育ててもらったことに感謝すべきだ」「話ができるのは虐待の程度が軽かったからだ」などという、強いパワーをもつおとなや社会側からのメッセージによって、当事者の声や感情の正当性が否定されてきた。

さらに、二〇〇〇年代の社会的養護領域における当事者活動の萌芽期には、〈外海〉からの「当事者比べ」がしばしば行われた。外野の人たちは、さまざまな当事者団体を比べては、「あの団体のように

図表I.10-1　環状島モデル（文献12）

環状島

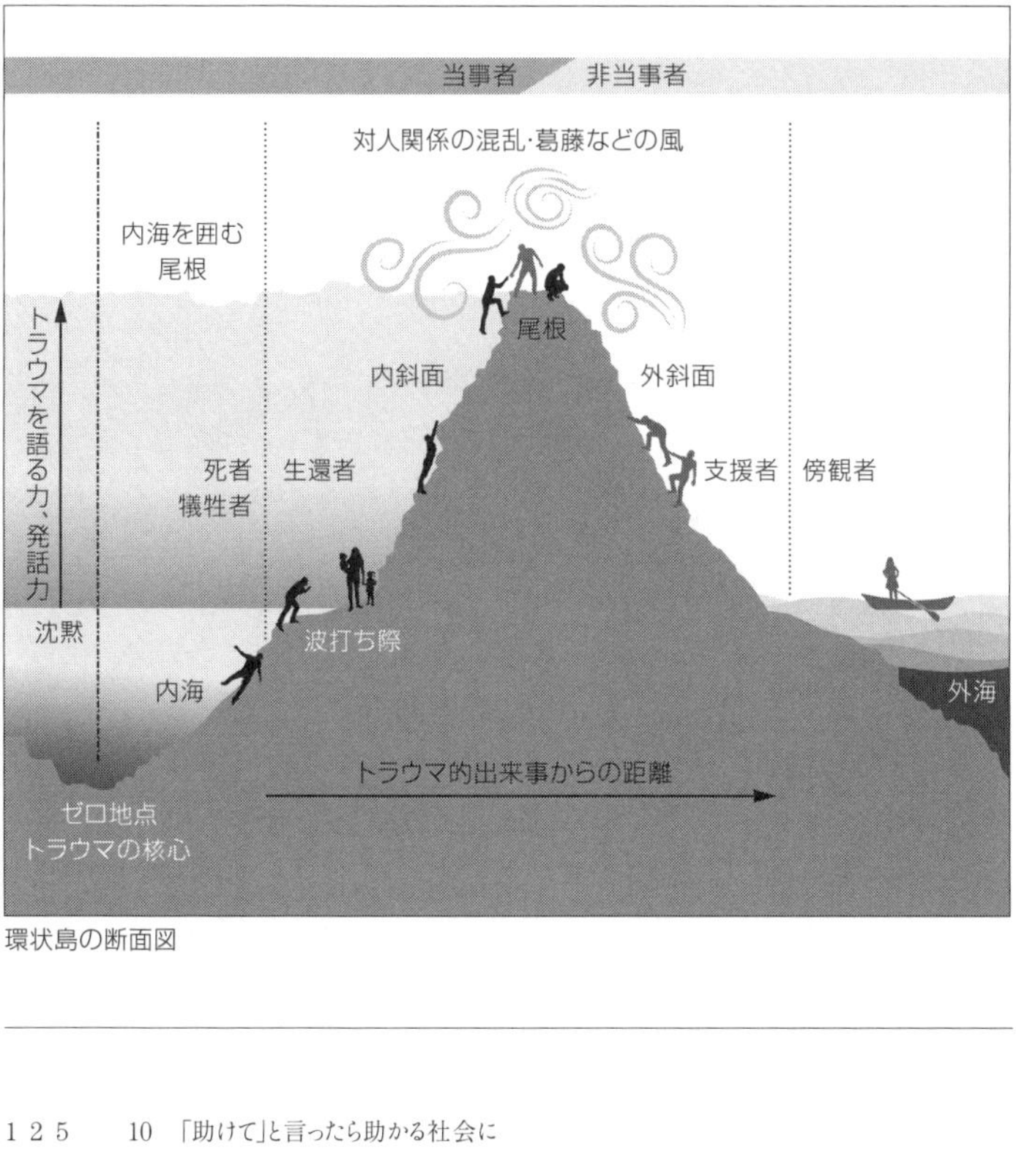

環状島の断面図

やるべきだ」といった優劣をつけ、当事者間に無用な緊張感を生んだ。「当事者同士が対立することほどつらいものはない」というのは、当時、最前線で活動していた当事者の言葉だ。こうした点で、当事者同士の語りを競わせる商品や賞金のかかったコンテストのようなものは、当事者間にいっそう不自然で無用な軋轢を生むことになり、その罪は大きい。米国で社会的養護の当事者として活動してきたある若者が自分自身のことを語る際には、「『かわいそうさ』を売らない」という大前提があることを教えてくれた。自分自身を「かわいそうな人」として扱う場で語り続けると、「かわいそうな人」としての自分を強化することになるという。当事者に、自身のもつある一面だけを切り取って表現させ続けることは、つくられたレッテルやスティグマを強調する。それは、社会的養護を必要とした子ども・若者を、つくられた当事者像にはりつけ、消耗させていく。

　また、若者を「支援したい」と思うおとなたちが、自分たちの事業や支援を大きくするために、当事者に語らせ、賛同する意見を言わせることも、よくある光景に思える。「当事者参画」のアリバイやポーズを取る必要に迫られて、準備のできていない望まない当事者に発言させることもあるかもしれない。こうした消費は、当事者の声のトークン化と呼ばれる。

　トークン化だけでなく、聴衆の期待に応えようと自分の経験を詳細に話し過ぎてしまったり、十分に扱うことのできないトラウマについて話すことでしんどさを抱えたり、おとなたちに語ることをなかば強制されて傷ついていく当事者もいる。当事者にとって自身のストーリーを話すことは、自分自身の回復や変化に向けた大きなエネルギーを生むと同時に、リスクも内包するのである。

こうした事態に陥らないために、米国では、当事者団体などによって、安全性確保のためのトレーニング「ストラテジック・シェアリング（Strategic Sharing）」が提案され、広く共有されてきた。ストラテジック・シェアリングは直訳すると「計画的な（ストーリーの）共有」となり、自分のストーリーを目的に合わせて安全に語ることを学ぶ具体的なトレーニングが含まれている。このトレーニングの重要な点は、自身の経験を話そう・共有しようとする若者たちに、「自身のストーリーは自分自身のものである」と伝えることにある。何をどこまで話すか話さないかは自分の安全性と相談しながら決めていくことができる。そして、聞き手のニーズに応じて、自身のエピソードなどを効果的に用いて、相手の変革を促していく。日本でもＩＦＣＡが許可と翻訳権を得て、日本の実情に合うようユースの手で工夫を加えながら、普及に向けた活動を行っている。[13]

「助けて」と言ったら助かる社会に
——「声」をあげる若者たち

最後に、現在の社会的養護にまつわる制度は、当事者が「助けて」と言ったら助かるものなのか問いたい。言うまでもなく、児童福祉法によって規定される社会的養護制度は、保護・措置時点の問題が解決されたか、ニーズが満たされたかどうかにかかわらず、多くの場合は「児童」でなくなる一八歳でその対象から外れる。そのため、「自立」支援が重要とされるものの、現状では一八歳以降の支援やその責務について明確な規定がなく、支援体制も十分とは言いがたい。近年では「社会的養護自立支援事業」が施行されるなど今後の制度的拡充が期待されるところであるが、この事業も必置となっていないために、実施状況に自治体間の格差がある。二〇二二年の児童福祉法改正により、自立支援の強化が図られ、児童自立生活援助の年齢上限が弾力化、支援拠点もできることとなった。こうした制度の改正が、本当に（少なくとも）「助けて」と言えた若者たちを助けるものとなるよう注視が必要だ。

　さらには、社会的養護の措置解除後に若者たちがどのような生活を送っているかの公的なデータもなく、その実際が把握されてこなかった。二〇二〇年度にようやく実施された全国調査では、「住所・連絡先が不明」等で施設や里親が調査票を「案内していない・案内できない」割合が四五・一％であったことが影響し、本人記入調査の回答率は一四・四％にとどまったものの、二九八〇人の社会的養護を経験した若者たちから貴重な「声」があがった[14]。

　さらに、社会的養護の領域でも制度を変えようとする若者たちが「声」をあげ始めている。すでに三〇年以上の蓄積があるアメリカの当事者活動カリフォルニア・ユース・コネクション（ＣＹＣ）は、議会に当事者の若者たちの声を直接届けることで、社会的養護にまつわる二〇の制度政策を変えてきた[15]。日本でも、二〇〇〇年頃から当事者の参画を目指す団体が活動を始め、二〇一〇年頃からの新たな潮流は社会的養護における当事者参画の新たな流れを感じさせるものである。北米の方法を取り入れつつ、実効的な政策への参画、当事者によるユース・アドボカシーも始まっている。社会的養護のもとで生活する子ども・若者たちは、決して「助け」を待つだけの存在ではない。

ただし、「助けて」と言っても助からない社会のままでは、社会的養護のもとで生活する子ども・若者たちの〝「助けて」が言えない〟をどうすることもできない。子ども・若者が「助けて」を言う相手のいる社会に、「助けて」を含む声を取り戻せる社会に、あげる声が正当に受け取られる社会に、「助けて」と言ったら助かる社会に。当事者である若者たちの声とともに進んでいきたい。

本稿に含まれる研究の実施にあたっては、ＪＳＰＳ科研費20K13775「日本におけるケアリーバー調査のシステム構築と制度との循環」の助成を受けている。

［※］コロナ禍における生活状況を把握し、必要な支援、制度・政策の提言を行うことを目的に、社会的養護を経験したことのある一六歳以上四〇歳未満の方を対象としたｗｅｂアンケート調査を実施した。調査期間は二〇二〇年五月二五日から六月一四日とし、回答者には謝礼品（電子ギフトカード）を送付した。武蔵野大学人間科学部研究倫理審査の承認のうえで実施している（申請者：永野咲、承認番号：2020-2）。

（ながの・さき／社会福祉学）

Ⅱ

「助けて」が言えないあなたへ

——当事者へのメッセージ

1

誰も信用できないから「助けて」と言えない

――孤立無援をどうサバイバルするか

風間暁
特定非営利活動法人ＡＳＫ（アルコール薬物問題全国市民協会）社会対策部

信頼と期待をあきらめた

人を信じるって、むずかしいよね。いろんな大人からさんざん裏切られてきたんだから、今さら「助けて」なんて言ったってどうせ裏切られるだけじゃんって思っちゃう気持ち、痛いほどよくわかるよ。だって、ここまで誰も助けてくれなかったじゃんね。

しかも大人ってさ、子ども自身がもってる力を信用してくんないじゃん。「どうせ子どもなんだから」みたいな態度で、「守るのが大人の役目だ！」みたいに勝手なおせっかいばかり焼いてくる。子どもを信じないくせに大人を信じろって、自分たちのこと棚に上げすぎなんだよな。それでどうやって大人を信じろって話。

私はね、親が最悪だったんだ。母親には虐待されてたし、父親はお酒絡みの事故で刑務所に行っちゃった。しかも学校では教師がウザかったし、警察とか施設も超ダルかったから、実際どこにも居場所がなかったんだよね。唯一の居場所は、ヤンチャしてる友だちのグループだった。だから、中一の頃には先輩の家とか夜の街を転々としながら、子ども同士で支え合って生きてた。でも中一だと社会のルールのせいでバイトできないし、家も借りられないから、結局は子どもが生き抜こうとしても、大人に頼るしかなくなっちゃうわけだ。それもぜんぶ大人たちが決めたルールのせいだと思って超イラついた。大人に頼る以外の方法が用意されてないわけじゃん。しかもさ、そのルール作る時にだって、子どもの気持ちとか意見なんて少しも入ってないわけでしょ。それ作った大人の顔も知らないし、そんな信用できないやつらが勝手に作ったルールを守らなきゃいけない意味がわかんないよね。「子どもは安全な場所で大人に保護されるべき」みたいな、そういうルールの一つひとつから感じ取れる「信用されてないのは私たち子ども」ってとこ、そこに気づいちゃってからは「バカにすんじゃねえよ」と思って、私はすべての大人に対する信頼と期待をあきらめた。

そこしか選べなかった

だから私は、ルールを片っ端から破ってきたんだ。お金だってそこらへんの大人よりもたくさん稼いだし、それまでの人生で一番自由で、一番楽な日々だったよ。学歴がどうこう、立派な会社がどうこう言ってる大人って、マジでバカだなって思ってた。自分たちと同じようにルールを破ってる大人なら少しは信用できるかもって思ったから、危ない大人たちとも付き合った。そしたら家にも身分証にも困らなくなって、「あんなクソみたいな家に帰らなくていいんだ」「これは私が自分で選んだ居場所なんだ」って思えて、すごく安心したんだよね。

でも今思うと、私が生きてたそういう居場所だって、別に自分で選んだわけじゃなかったんだよ。ルールとか自分の気持ちの中でがんじがらめになってて、その時、そこしか選べなかっただけなの。選択肢が他になかった、ただそれだけだったんだよ。

拉致されたり、薬を盛られたり、ネイルガンで撃たれたりもしたから、実際は少しも安心安全な場所なんかじゃなかったしね。一〇代の青春ってこんなんじゃないよなって、制服着て学校に通ってる楽しそうな同年代の人たちを見ては、すごく切ない気持ちになることだってあった。

本当は、生まれた家が安らげる場所だったら、一番よかったなって思う。でも、最低な家に、最低の社会に、頼んでもないのに生まれちゃったのが私だった。親にも「産まなきゃよかった」って言われ続けて、誰にも存在を望まれてなかった。それがもう、どうしようもなくつらくて、「誰でもいいから助けて！」って感じだったんだけど、私が生きてた場所では助けてもらう見返りにセックスをしたり、お金を払ったりしないといけなかったんだよね。危なくない大人に助けを求めたらよかったんじゃないかって思われるかもしれないけど、その頃には普通に生きてる大人たちは私のことを「不良」って呼んで、めちゃくちゃ冷たい目で見てた。「自業自得」とか「身から出た錆」とか、いかにも大人っぽい説教をしてくるだけでね。

そうなるともうさ、死にたくなってくるじゃんか。地球上でひとりぼっちな気がしてきて。生きてる意味も理由もないし、わざわざ苦しい思いしてまで頑張って生きててどうすんだろうって思った。でも、そんな思いすら大人は否定する。「死にたい」って言うと、「そんなこと言うな」なんて言われちゃう。じゃあどうしろって言うんだよな。

ドラッグに頼った

そんな時にね、私はドラッグに頼ったんだ。犯罪だろうがなんだろうが、どうでもよかった。

だって死んだってよかったんだもん、ドラッグを使ってどうなろうと、どうでもいいやって感じじゃん。実際、ドラッグは私の望んだ効果をくれたよ。寝たい時には眠くさせてくれて、遊びたい時にはハイにさせてくれた。それは、これまで出会ってきたどんな大人たちよりも確実で、信頼できるものだった。人間は最低だけど、ドラッグは最高だって思った。

　でも、ドラッグを使い続けていると、今度は使わずに過ごす時間がとてつもなく怖くなってきてね。シラフになりたくないし、どんどん効かなくなってきちゃうから、使う量が増えていくんだよ。そうするとお金もかかるし、使い方が派手になっちゃって、危ない大人とか友だちですら、一緒に遊んでくれなくなっちゃったの。そんで気づいた時には病院の集中治療室に入院してた。薬物依存症っていう病気になってたんだってさ。

　でも、あの時ドラッグを使っていなかったら、いま私はこうやって、あなたに向けたこのメッセージを書いてなんかいないわけ。つらすぎて、苦しすぎて、とっくに死んじゃってたと思う。だからね、ドラッグを使ったことも、リスカしまくったことも、後悔してないんだ。それはね、これを読んでくれてるあなたのおかげでもある。だって、これ長いのにさ、こんなとこまで読み進めてきてくれてるでしょ？　それが嬉しいんだ。私の投げたボールをキャッチしてくれてるあなたが、この紙の向こう側にいるんだなって感じるんだよ。私ひとりじゃないんだな、つながってるんだなって思える。

でもね、だとしても、もっと健康に痛みを和らげる方法があったら、もっと楽に生きられる選択肢があの時の私にあったらよかったなって。余計な苦労までしなくてすんだのになって、そう思う気持ちもあるんだ。でもそれは、あの時の私の責任じゃなくて、選択肢を奪ってきた大人たちの責任。だからね、私は私なりに、絶望的で理不尽な人生の中で、その時にできる最善を尽くしてきたんだって今は納得してるよ。

あなたの責任じゃない

たとえば家族に傷つけられていたり、学校でひどい目に遭っていたりしたら、私はあなたに、とにかく自分のことを守ってほしいなって思う。こんなこと言ったら私も大人たちに怒られちゃうかもしれないけど、太い血管さえ切らなきゃリスカしたっていいし、もし自分の部屋があるならひきこもって登校を拒否したっていい。必要なら私みたいにドラッグ使ったっていいじゃん。そうするしかないほどの苦痛を与えられてて、そうすることによってとりあえず死なずにすむんだったら、延命のためにやったっていいじゃんって、私は思ってる。

でもね、それによってまた別のつらさが生まれることもある。こころないことを言われることもあるだろうし、無理やり自立を促されそうになったり、もしかしたら捕まって指導されたりもするかもしれない。

でも、それは、そういう方法を選んだあなたのせいじゃなくて、それらを「悪いこと」って決めつけて裁こうとする大人たちのせいだと私は思う。あなたに他の選択肢を用意しなかった大人たちのせい。あなたの権利を尊重しない、そんな大人たちの責任だと思うんだ。

本来なら、子どもにいろんな選択肢を用意することや、子どもの気持ちを聞いて話し合うこと、そんでもって子ども自身に選択をさせて、その子どものお尻を拭くってとこまでが、大人の仕事なはずなんだよね。それに、子どもには「子どもの権利」が社会のルールで保障されてて、それを大人が守らなくちゃいけないって決まってるんだけど、それがちゃんとできてる大人ってかなり少ないんだわ。そのことに気づいてすらいない大人だってたくさんいる。まぁ、つまり大人が先にルールを破ってるんだよ。

だから、すごくむずかしいことだとは思うけど、どうかあなたには、自分を責めないでほしいなって思う。責めるなら、あなたを傷つけてくる大人たちを責めてほしい。理不尽な目に遭い続けて、それでも耐え抜かなきゃいけないなんてどうかしてるけど、でも、そんな世の中でもあなた自身だけは、自分を全肯定してあげてほしいの。だって、もしあなたを助けてくれる人がいま周りにいないんだとしたら、あなたしかあなたを守れないんだぜ。

あなたを苦しめるすべてのものを、子どものうちは大人のせいにしていいんだよ。理不尽な目に遭ってたら、あなたは怒っていいの。その想いはきっと、あなたの命を支えるエネルギーに変わる。

もちろん私も一緒にあなたを肯定するよ。だって、こんな社会で死なずに今日も息を吸って吐いている、ただそれだけであなたはマジですごいもん。よく生きてるよ本当に。

ガチャを回しまくれ

私はね、誰のことも信用しないまま生き抜いてきて大人になったんだけど、結論を言うと、別に信じようとしなくても大丈夫だってことがわかった。信じようなんて無理に思わないほうがずっと楽。信じようと思って期待してみても、裏切られた時のショックがデカすぎて、その傷つきのほうがよっぽど大きかったしね。だったら最初から期待なんてしないほうがいいじゃん。これ以上しんどい思いなんか絶対やだし。

でもね、信じようなんて少しも思ってなかったのに、いま私の周りには、「気づいたら信じてた」っていう人がたくさんいるんだ。やばくない？　信じるどころか全員を疑ってかかってきたのに、気づいたらこころの底から信じちゃってんのよ。

これってなんなのかなっていっぱい考えたんだけど、結局、「たまたまいい大人に出会った」んだと思うんだ。期待すらしてなかったはずなのに、その人たちが行動とか結果で証明し続けてきたから、信用せざるをえなくなったって感じなんだと思う。

なんていうか、人生ってゲームみたいな感じなんだよね。使えないハズレキャラしか当たらなくて、「マジでクソゲーだな」って思いながら惰性でプレイしてきたけど、たまたまガチャで神キャラ引いた途端めっちゃ無双できる、みたいな。

私もガチャ運悪くて、運営クソだなって思ってたし、スタート時に持ってたキャラとかアイテムは呪いの装備みたいなのしかなかったから、もうゲーム自体消そうと思ってた。でも、たまたま一〇連回すだけのジェムが貯まってたから、どうせ当たんないと思いながらも回したら、そこで神キャラ引いたんだろうね。こいつさえ手持ちに入れとけばバフかかるじゃん、みたいな。急にこのゲームが楽しく思えてきたぞ、ってね。

生きてさえいれば、ログインボーナスが貯まっていくから、目に見えないジェム的なものでガチャ回してくイメージが近いのかな。ガチャって当たらないこともあるけど、当たることもあるじゃん。てか実際、確率的には絶対にそのうち当たるんだよね。何十連も回していけば、必ず強キャラが手に入るシステムになってる。ゲームも人生も同じ。当たるのが遅いか早いかってだけなんよ。

つまり何が言いたいかっていうと、生きてさえいれば、そのうち絶対に最高の大人に出会うチャンスが巡ってくるってこと。どんな人間と出会うかって、そういうガチャみたいなものなんだよね。だから、親も含めて、自分を傷つけるクソみたいな大人は捨てて、「信じるしかないほど最高の大人」に出会えるまで、何度だってガチャ回したらいい。身近にいるのが信じようとするだけ無駄なほど最低なキャラだったら、出会いガチャでジェム貯めるのに時間使ったほうがお得じゃん？

もしかしたら私があなたにとっての激レアＳＳＲの強キャラかもしれないし、この本にメッセージ書いてる他の大人たちも激アツだから、あなたがこれを読んでいるいまがまさに、ガチャ回してる最中ってことなのかもね。

だからさ、どうにか生きてガチャ回してよ。誰のことも信じようとしなくていい。同じ空の下で私みたいな大人も生きてるってことだけ、頭の片隅にでも入れといて。それでオッケー。

（かざま·あかつき）

2

自分を傷つけたい・消えたい・死にたいのに「助けて」と言えない

勝又陽太郎
東京都立大学人文社会学部

〝「助けて」が言えない〟なんてタイトルを見て、「助けて」と言えない人がまるで「ダメ人間」認定されているような感じがしませんか？　私は被害妄想強めな人なので、わりとそういったことをすぐに思ってしまいがちです。だから、「助けて」が言えるようになることを、他の人に強要したくないなといつも思っています。

でもそう思う反面、やっぱり多くの人に「助けて」と言えるようになってもらいたいとも思っています。私は普段いろいろな人の相談にのる仕事をしています。相談に来られる人のなかには、「死にたい」と訴える人や、「早く消えてしまいたい」と思っている人、実際に自分の身体を傷つけている人もいますが、そうした死にたい気持ちや自分を傷つけたい気持ちが弱まっていくことと、その人が「助けて」という気持ちをうまく言葉にできるようになることは、どうやら強く結びついているような気がしています。

それに、正直にいえば、「助けて」と伝えてもらえると、その後の相談がとても進めやすくなるので、私自身も「助かる」のです。そんなふうに「助けて」という言葉には、周りの人を「助ける」力もあるな、などと思ったりしています。

大事な一歩を踏み出す

この文章を読んでくれている人のなかには、「助けて」って言えるようになりたいけれども、なかなか自信がもてないという人もいると思います。どうしたらいいのか、私はその答えをもっているわけではありませんが、これまでの経験のなかで、「死にたい」と訴える人や自分の身体を傷つけている人たちから、「こうやったらうまくいったよ」という工夫をたくさん教えてもらいました。なので、「他の人に教えてもいいよ」と許可してもらった話をいくつかここで紹介していきたいと思います。

そうはいっても、「うまくいったのはその人がたまたま恵まれていたからでしょ」なんて思った人もいるでしょうか。それはたしかにそうかもしれません。でも、少なくとも私が出会ってきた人たちは、みんな最初は自信がなくて、ちょっとずつ工夫したり練習したりしながら、時間をかけて「助けて」を言葉にできるようになっていった人ばかりです。そしてその人たちの多くも、最初はこうした文章に関心をもつなど、ちょっとしたきっかけから変化が始まっていたりします。せっかくの機会なので、先輩たちの経験に少しだけ触れていっていただければ嬉しく思います。

「助けて」のやり方がわからない

まず、私がこれまで相談で出会ってきた「死にたい」と訴える人や、自分を傷つけたい気持ちになっている人たちが、「助けて」を言葉にしない理由について探っていきたいと思います。彼／彼女たちに共通することで真っ先に思い浮かぶのは、そもそも「助けて」という気持ちを言葉にした経験や、他の人に助けてもらった経験があまりなくて、どうやって助けを求めたらいいのかがわからないという人が多いことです。また、自分がいろいろな気持ちを抱えているにもかかわらず、それらをうまく整理して話をするのが苦手で、「助けて」と言うかわりに「死にたい」とか「消えたい」という一つの言葉にまとめてしまっている人もいるようです。

もちろん、こうした「助けてのやり方」を学ぶ機会が得られなかったのは本人のせいではありません。だから、きちんとそのやり方を学んだり練習したりすることができる環境が整ってくると、「助けて」を伝えることもうまくなっていきます。

「助けて」と言わないのは頑張り屋さんだから？

他にも、「重たい話をしたら迷惑かも」という気持ちから、他の人に気持ちを打ち明けられないと訴える人にもしばしば出会います。彼／彼女たちは、「いつも自分ばかりが相手に頼っていて、迷惑をかけている」とか、「自分はダメな人で、助けてもらう価値がない」といった気持ちを抱えていることも多いです。また、人によっては「悩みは大きくないと人に言っちゃだめ」とか、「愚痴を言うことは格好悪い」などと思っていることもあるようです。

こうした言葉からは、「人に頼ったり依存したりするのはよくない」とか、「自立して何でも自分一人でできるような一人前の人間にならなければ」とか、「誰かに頼ったら自分が弱くなる」などといった強い信念のようなものを感じます。あるいは、助けてもらえないとかえって自分がへこむといった理由で、あえて他の人に期待しないようにしているという人にも出会います。いずれにせよ、みなさんものすごく「頑張り屋さん」だなと感じます。

「助けて」を真剣に受け取ってくれる人がいない

一方で、「『死にたい』とか『自分を傷つける』なんて話したら、叱られるんじゃないか」とか、「いざっていう時に誰も自分の味方になってくれない」とか、「ちゃんと話を聞いてくれる人がいない」などと訴える人もいます。いずれも身近にきちんと「助けて」という訴えを受け取ってくれそうな人がいないので、「助けて」という気持ちを言葉にしづらい場合もあるようです。「そんなの本人の勝手な思い込みじゃない？」と思う人もいるかもしれません。でも、私の知る限りでは、実際に身近な人の対応に何度も傷つく経験をしてきた人も数多くいて、「助けて」と訴えることに無力感を抱いていたり、あきらめの気持ちをもっている人も少なくない印象があります。ひょっとすると、「助けて」という気持ちを真剣に受け取ってくれる人が身近にいなかったせいで、先に述べたような「自分一人で頑張るしかない」という思いを強くしていった人もいるのかもしれません。

ちょうどいいサイズ感の言葉を見つける

では、私が出会ってきた人たちは、どうやって「助けて」を言えるようになっていったのでしょうか。

今さらですが、実は「助けて」ほしい気持ちを他の人に伝える時に、「助けて」という言葉をそのまま使う必要はありません。崖から落ちそうになっている時には「助けて」と大声で叫んだほうがいいと思いますが、それ以外の時には無理にそうする必要はないのです。

大事なのは、「助けて」ほしいということが他の人にきちんと伝わることです。そのためには、「助けてほしい時」と「助けてもらわなくても大丈夫な時」との違いが相手に伝わる必要があります。それから、「助けて」という気持ちにも、「LINEでやりとりしていれば大丈夫」な場合や、「実際に会って話を聞いてもらわないとダメ」な場合など、いろいろと違いがありますよね。そうした言葉の違いがわかりやすいほうが、周りの人に伝わりやすくなります。

少し具体例をあげたいと思います。たとえば、同じ「死にたい」という言葉を使う場合でも、

「誰かそばにいてほしい」気持ちの時もあれば、「恥ずかしい」気持ちの時もあると思います。あるいは「逃げたい」とか「放っておいてほしい」といった気持ちの時もあるかもしれません。友だちから「そばにいて」と言われた時と、「放っておいて」と言われた時では、あなたの対応もきっと変わるはずですよね。でも「死にたい」と言われただけだと、その違いがわからなくて、どうしていいかわからなくないですか？

こんなふうに、自分の気持ちを表す「ちょうどいいサイズ感の言葉を見つけていく」ことは、私が出会ってきた人たちを見ていると、「助けて」という気持ちを伝えることに役に立っていそうな気がします。私がこの文章を書いている二〇二二年の今、若い人の洋服はちょっとオーバーサイズのものが流行っているようですが、先ほど見たように、自分の気持ちを表す言葉に関してはジャストサイズのものを使ったほうが、自分も気持ちがいいし、相手にも受け取ってもらいやすくなります。

もちろん、最初からうまくはできないかもしれませんが、洋服の試着と一緒で、「とりあえず一回着てみる」くらいのつもりで言葉選びにもチャレンジしてもらうのがいいと思います。それに、別にネガティブな気持ちのことばかり考える必要もありません。まずは楽しい気持ちや嬉しい気持ちを表す言葉を見つけていくことから始めてもＯＫですし、わからない、迷っている、ぐちゃぐちゃしているといったまとまらない気持ちをそのまま言葉にしていくのもアリです。なかには言葉にするのが難しくて絵文字で違いを表現してみた人もいますし、新しく自分なりの言葉を作ってしまった人もいます。試着のようにいろんなものを比べてみたり、他の人に意見を聞いたりすることもきっと役に立つと思います。

「助けて」を誰かに伝えた経験は本当にない？

ところで、本当に一度も「助けて」という気持ちを他の人に伝えたことがない人ってこの世にいるのでしょうか？　たとえば、食事中に「そこのお醤油とって」とかも言わないでしょうか？　それとこれとは話が別と思うかもしれません。でも、先ほど見てきたように、きっと「助けて」の気持ちにもいろんな種類があって、「助けて」が言えないと思っている人でも、普段ちょっとした「助けて」を他の人に伝えているんじゃないかと思うのです。

もちろん、死にたいとか自分を傷つけたいとか、そういった気持ちになった時に「助けて」を伝えられたほうがいいのかもしれません。でも、いきなりそんな上級者編にチャレンジできる人はあまりいません。エベレストに登るような人も、きっと最初は近所の山から登ったはずです。だから、まずは日常のちょっとした「助けて」をたくさん探したり、言葉にしたりする練習から始めてみませんか。そして、そのちょっとした「助けて」が相手にうまく伝わった時と伝わらなかった時の違いを振り返ってみてほしいのです。そのなかから、「助けて」を伝える時の工夫がいくつか見えてくると思います。

チームが充実すると「助けて」が伝わる場面が増える

ここまで話してきたように、私は人が「助けて」と言えるようになることも重要だと思っていますが、実はそれよりも「助けて」がうまく伝わる場面が増えることのほうが大事だと思っています。

先ほど考えてもらったように、「助けて」という気持ちは、相手や状況の違いによってうまく伝えられる時とそうでない時があります。つまり、「助けて」がうまく伝わる場面が増えていくためには、本人が伝え方を練習してうまくなることももちろん大事ですが、「助けて」を伝えられる相手が増えたり、伝えやすい環境（場面や状況）が整うことも、それと同じくらい大事な要素なのです。そういう意味では、自分の周りに「助けて」を伝えられる人や場所、言い換えるなら「『助けて』が伝わりやすいチーム」を充実させていくことのほうが、より大切な目標なのではないかと思うのです。

ただでさえ「人に頼るなんて弱いことだ」と思っている人は、「チームに頼るなんてもってのほか」と思うでしょうか。でも考えてみてください。たとえば個人競技で活躍しているどんなに「強い」アスリートでも、実はいろんな人がサポートしてくれていていい成績が残せているわけですし、逆にその選手が活躍することで、周りのサポートしてくれている人を助けている面もありますよね。それってまさにチームが充実しているということだと思います。またある方は、私との相談のなかでこんなことを話してくれました。「『依存』の反対は『自立』で、自分一人で何でもできることだって言われるけど、それは単なる孤立だよ。だって、自立って誰かに頼りながらするものだから」と。こんなふうに、ひょっとすると自立するということは、誰かに頼らないということではなくて、頼りがいのあるチームをもつことなんじゃないかと思ったりするのです。

ちなみに、チームのメンバーにはできるだけいろんな人がいたほうが、「助けて」が伝わる可能性が高くなります。「死にたい」とか「自分を傷つけたい」と訴える人たちは、どうしても救世主のような人を少数精鋭でチームメンバーに入れたがる傾向がありますが、実は「ちょっとだけ頼りになる人」がたくさんメンバーに入っているほうが、チームとしては充実するようです。

　これを読んで「自分はコミュニケーションが苦手だから、メンバーなんか絶対増えないよ」と思った人。ぜひ私たち専門家や身近な大人をチームの初期メンバーに加えてみてください。きっとあなたのチームを一緒に盛り上げていくお手伝いができると思いますよ。

（かつまた・ようたろう／臨床心理学）

3 つらい記憶が頭から離れないのに「助けて」と言えない

新井陽子　被害者支援都民センター

※本文には性暴力に関する架空の事例が含まれています。必要に応じて休息を取りつつお読みください。

あなたは、「お母さんにわかってもらいたい」って、思ったことはありませんか？　「友だちの親子関係がうらやましいな」とか、「お父さんが怒鳴らない人だったらいいのに」とか、この前は機嫌よく話を聞いてくれたのに、今日話すと不機嫌な顔をされて、「ああ、やっぱり話すんじゃなかった」とがっかりしたり。親に期待しちゃいけないって思う反面、でももしかしたらわかってくれるんじゃないかと期待する自分もいて、でもやっぱりそうじゃなかったとがっかりして……。もしかしたら、一〇代の私も、そんなふうに思う一人だったかなと思いめぐらせながら、これを書き始めています。

現在の私は、被害者支援都民センター（以下、都民センター）という職場で、心理師として被害に遭われた方の支援に携わっています。みなさんのような一〇代の方とお会いすることも少なくありません。近年、都民センターでは年間約六〇〇〇件の相談があり、その約半数が性暴力被害に関する相談です。約半数が性暴力被害というだけでも、びっくりする数ですが、内閣府が行った「男女間における暴力に関する調査」によると、都民センターのような公的機関や民間専門機関に相談した被害者はたったの約五％と報告されています。つまり、実際にはもっと膨大な性暴力被害が存在していると推測できます。しかも、報告書では約六〇％の被害者が誰にも相談していないと回答しており、実際に警察に相談した人はたったの約五・六％です。つまり、非常に多くの人が相談も届け出もしていないことがわかります。

どうして、私たちの多くは誰にも助けを求めないのでしょうか。または誰にも助けを求められないのでしょうか。ここでは、性暴力被害を中心に、この点について考えてみたいと思います。

子どもが利用されて、性が搾取《さくしゅ》される

ちょっと話は飛びますが、私が高校一年生だったころ、生物の授業で先生が突然こんな話を始めました。「セックスには強い快感が伴うんだ。なぜなら、もしセックスが苦痛を伴うものだったら、その種族を繁栄させることができないからだ」と。けっこう衝撃的で、今でも覚えているぐらいなので、当時の私にとってかなりのインパクトがあったのでしょう。ある種族が生き延びていくために必要なことは、食べること、寝ること、生殖行動だと考えられています。もし、生き延びていくために必要な行動が、快ではなく不快や苦痛であったなら、その行動は継続されず、生き延びることができないのです。ですから、身体のエネルギーになるものは、甘く美味しく、身体に毒になるものは苦くてまずく感じられます。そして、生殖行動は、食べることや睡眠以上に強い快刺激が伴うようです。だからこそ、その種族は子孫を残すことができるわけです。

人間以外の多くの動物には繁殖期があって、子どもが育つのに適した季節に子どもが生まれるように設計されています。人間は、自然界において非常に弱い生き物ですが、一方で南極や赤道直下といったさまざまな逆境地域でも、生き抜くことができる能力をもった動物でもあり

ます。その結果、私たちは、いつでもどこでも子どもを育てることができるようになりました。つまり、言い換えるならば、三六五日生殖行動が可能になったのです。

他の種族と大きく異なる特徴として、人間は、言葉をもち群れを成して生きる動物です。人間に近い種族であるサルが、仲間のサルに毛づくろいをすることが知られていますが、これは友好のコミュニケーションと理解されています。他の個体に心地よさを提供することで、良好な社会性を保っているのでしょう。人間も同様に、他者に心地よさを提供することで喜びを感じることができる生き物です。セックスに強い快感が伴うのであれば、それが親密さを示すコミュニケーションのツールになることは決して不思議ではありません。大切な誰かに心地よさを提供しようとすることは、自然な行動だと言えるでしょう。

しかし一方で、その強い快感を搾取《さくしゅ》したいと考える人がいるのも事実です。搾取とは、強い立場のものが弱い立場のものから何かを奪い取るという権力的支配のことを指します。たとえば、家庭の中で起きる性的虐待や電車の中で起きる痴漢、学校や部活、習い事などで起きる性暴力、職業上の関係で生じる性暴力、見知らぬ第三者から突然もたらされる性暴力などは、加害者の欲望のために被害者を利用しています。これらすべてが、性を用いた暴力なのです。

一〇代のみなさんは、非常に搾取されやすい立場に置かれていると言えるかもしれません。

というのも、一人で生活するには社会的にも経済的にもまだ難しく、大人から世話を受ける必要があるからです。その世話をすべき人から搾取されたり、世話を与えられなかったり、世話はしてもらっているけれど気持ちを理解してもらえないことなどがしばしば生じています。しかし、群れで生きるように設計されている人間は、どんな時であっても、人とのつながりは切っても切り離すことができません。ですから残念なことに、このつながりの過程で、搾取が発生することがあるのです。

ヒカルさん（仮名）の話（架空の事例）

ヒカルさんは、一〇代の学生です。子どものころからある習い事を続けていて、親もその習い事に大きな期待をかけていました。ですから、親が探してきたコーチのもとで個人レッスンなども多く受けていました。親はコーチを信頼していましたし、ヒカルさんも信頼していました。

ところがある日、そのコーチから「正しい姿勢をみるから服を脱いでくれ」と言われたのです。ヒカルさんは、混乱し恐怖で、服を脱ぎたくないと思いました。しかし、個人レッスンでコーチと二人きりの状況では逆らうことができず、仕方なく服を脱ぎました。それから毎回、姿勢のチェックが続き、そのうちに性行為を強要されるようになりました。ヒカルさんは、個人レッスンの日が憂うつで、苦痛で仕方がありませんでした。当然のことながら、習い事の成果は上がりません。親からはさらに練習を頑張るように期待され、コーチからは「もっとうまくなりたければ自分の指導に従うように」と圧力をかけられ、逃げ出すことは不可能だったと言います。これは、まさに権力支配による性的な搾取でした。

ヒカルさんは、我慢するしかないと思っていました。実は当時、性的な知識もなく、自分にされていることが性暴力なのかどうかさえ、よくわからなかったのです。「恐怖で苦痛だった。だから『気』を飛ばしてやり過ごすしかなかった」と話しています。親に話せば、面倒な反応が待っている気がしました。これまでに親に相談して、かえって傷つく経験が幾度もあったのです。今回もきっと否定される、信じてもらえない、そう思うと話す気にはなれませんでした。

ある時、ヒカルさんはSNSで自分の苦しみをつぶやきました。すると、たくさんの励ましのコメントが届いたのです。「ここには、自分の気持ちをわかってくれる人がいる」とほっとした気持ちになりました。そして、その中に親身に話を聞いてくれる年上の男性がいて、安心して気持ちを打ち明けることができました。しばらくSNSで交流が続いた後、「実際に会いませんか?」と誘われました。これまでのやりとりで一番信頼していた人だったのでちょっと嬉しくもあり、少し緊張しましたが勇気を出して会いにいきました。その男性は、初めは、これまでのように親身に話を聞いてくれて、安心できました。しかし、何度か会ううちに、ヒカルさんは、この男性から性的な搾取をされるようになりました。実は、男性は最初からその目的で、ヒカルさんに近づいたのでした。

　このように、親切な人を装って近づいて安心させ、性的な搾取を行うことをグルーミングと呼びます。被害に遭った人の中には、「自分たちは付き合っている」と思い込まされていて、性的な搾取をされているとは思っていない人もいます。これは、巧妙なだましのテクニックと言ってもいいかもしれません。加害者は、ヒカルさんのように、頼れる人を求めている若者に狙いを定めてターゲットを探していたのです。

　ヒカルさんは、友人にも親にも先生にもこのことを話すことができませんでした。自分が悪いと思ったからです。信じた自分が悪いから、誰かに話せばそれを責められると思いました。しかも二度もこんな目に遭って、自分は馬鹿だと思いました。口に出すのも嫌だと思いました。友だちが、恋愛について楽しそうに話しているのを聞くのが苦痛でたまりませんでした。彼らが性的な話をしているのを聞くと、気持ちが遠くなるのを感じました。自分とはまったく違う世界の話をしているように聞こえたのです。自分に起きたことをここにいる友だちに話しても、ドン引きされるだろうと思いました。ヒカルさんの話は「重すぎる、ウザイ」と、煙たがられることだって簡単に想像できました。そして学校でうわさが広まり、生きていけなくなるような気がしました。

「明るく楽しいヒカル」が友だちから求められている自分であって、「苦しみを抱えたヒカル」は自分として認めてもらえない、そんな気がしたのです。話せばもっと苦しいことが増えると思うと、黙っているほうがましな気がしました。これまでのことはなかったことにして忘れられれば、普通の生活が送れるんじゃないかと思ったのです。

しかし、実際には、忘れることはできませんでした。不快な記憶が、突然目の前に無理やり見せられている映画のように広がっていきます。その映像が始まると、身体に痛みが伴うのです。あの時痛かった部位が、ひどく痛むのです。そして肌が触れる気持ち悪い感覚がありありと蘇りました。そんな自分の身体が気持ち悪くて、切り捨てたくて、消えてしまいたいと思う日もありました。また、腕をつねったり、太ももに爪を立てたりもしました。あまりに強く爪を立てたので、血がにじむこともありました。太ももに痛みを感じると、現実に戻ってこられる気がしたのです。ヒカルさんは、本当は助けてほしいと思っていましたが、誰に話せばいいのかがまったくわからなかったのです。

つらさは、構造化された安全な場所で話すと吉となる

私たちが「助けて」と言えるためには、安全な場所が必要です。物理的にも精神的にも安全を感じられる場所でないと、「助けて」とは言いづらいのです。ヒカルさんには、過去にＳＯＳを出して傷つく経験がありましたから、今回もまた傷つくに違いないと予測したとしても無理はありませんでした。

一方で、私たち人間は、誰かの苦しみに手を差し伸べたいと感じる生き物です。実は、みなさんの力になりたいと思っている安全な大人がたくさんいるのです。では、そんな大人にどうすれば出会えるのでしょうか？　一つの方法は、専門性や肩書をもった人がいる安全な場所や機関を探すことです。どうしてそのような人を探すとよいのでしょうか？

私たちは、誰かに手を差し伸べたいと思っていても、自分の全人生をかけて助けるということはなかなか難しいものです。生身の人間のまま他者の苦しみを丸ごと抱えることは、負担が大きすぎて、最初は一生懸命助けようとしていても、途中で投げ出してしまうことが起きるのです。

たとえば、私も公認心理師という資格をもって働いていますが、二四時間公認心理師の私で

いることはできず、オンとオフがあります。オンの時は、都民センターという限られた空間で、約束された時間に、職務として相談にあたっています。そう聞くと、とても冷たく感じるかもしれませんが、実はこのような枠組みがあることが、相談する側にとっても相談を受ける側にとっても、安全な守りの構造として働きます。構造とは、ここでは「誰かを支えるための一定のルールがある状態」と理解するとよいでしょう。たとえ誰かを二四時間支えることはできなくても、誰かのある一部を支えることは可能です。こんなふうに、少しずつ支えてくれる人や場所などがいくつも重なれば、それは安全な構造としてより強く働くことになるのです。

ヒカルさんは、さんざん迷った挙句、信頼していた学校の保健室の先生に相談しました。先生は、ヒカルさんが安全に話せるように場所や時間を配慮してプライバシーを守ってくれました。話を聞いた先生は、「あなたは何も悪くありません。あなたをだまして搾取した大人が悪いのです」と話してくれました。そして、保護者に伝える橋渡しを担ってくれました。先生が間に入ってくれたので、両親への開示は予想以上にスムーズに進みました。両親は、ヒカルさんの話を聞いて大きな衝撃を受けていましたが、ヒカルさんと話し合って、警察に届けることにしました。警察は、ヒカルさんの話をちゃんと聞いてくれて被害届を受理しました。そして、ヒカルさんに被害者支援センターを紹介してくれました。そこで、刑事手続きやこころのケアを支援してくれる相談員と出会いました。また被害者支援センターは、ヒカルさんに必要な病院と弁護士を紹介してくれました。その後、検事に会って、裁判があって……と、保健室の先生に相談したことから、どんどんと安全なつながりが広がっていき、何人もの人が少しずつヒカルさんを支えてくれるようになったのです。また、学校では保健室で過ごしていると、そこで新たな友人のつながりもできました。こころの傷が癒えるためにはかなりの時間がかかりましたが、ヒカルさんは後に、先生に話してよかったと話しています。

この保健室の先生は、安全な構造の中にいる人の一人で、専門性をもった職務として、橋渡しをしてくれたのです。もしあなたの身近に、この先生のような存在が思い浮かぶようでしたら、相談してみるといいかもしれません。しかし、この先生のように安心して相談できる人がいない場合もあるでしょう。そのような時は、構造的に安全な人を探すとよいでしょう。構造的に安全な人とは、たとえば、「チャイルドライン」や「Curetime」など、後ろ盾がしっかりしている機関にいる人たちのことです。このような機関で相談を受ける人は、みなさんをできる限り傷つけないように話を聞くトレーニングを受けていますし、みなさんの力になりたいと思って、その職務についている人たちです。たしかに、二四時間あなたのそばにいて、何でも理解してくれる人ではないかもしれません。しかし、多くの経験と知識をもっていて、みなさんの話をじっくり聞いてくれ、気持ちを整理することを助けてくれると思います。そして、役立つ情報を伝えてくれることが期待できますし、あなたにとって大事な人との懸け橋になってくれることもあるでしょう。なかなか電話やチャットがつながりにくいこともありますが、このような相談で「つらい」と一言打ち込むだけでも、誰かが読んでくれると思うと気持ちが楽になることがあります。ＳＮＳで不特定多数に「つらい」とつぶやくより、安全なつぶやきになる確率が高いと思います。

その一方で、課題がまったくないというわけでもありません。たとえば、力になろうとしてくれている人が、必ずしも自分に合った支援をしてくれるとは限らないということがあるからです。その人と波長が合わなかったり、押しが強すぎたり、かえって傷ついたりといったことも、ゼロではありません。とはいえ、何人かの安全そうな大人に相談していくと、いつか必ず、相談してよかったと思える大人に出会えるものです。ですから、相談することをあきらめないでほしいと思っています。

私たちが、こころ穏やかに暮らせるために重要なことは、安全な人間関係の中で、ありのままの自分を認めてもらうことです。人は群れで生活する動物なので、周りに安全な誰かがいることが必要なのです。「助けて」が言えない時は、もしかしたら、この安全な群れがないと感じている時なのかもしれません。安全な群れを自分で作り出すことは難しいかもしれませんが、ヒカルさんが保健室の先生を見つけたように、あなたも、安全な構造の入り口にいる人であれば、見つけることができるかもしれません。もちろん、親に知られたくない場合もあるでしょう。そんな時であっても、きっとあなたの力になってくれると思います。

おわりに

私は、あなたの安全をまじめに考えてくれる大人がいることを知ってほしいと願っています。もちろん、最初の「助けて」は勇気がいるかもしれません。しかし、今の苦しみがもっと長く続くことよりは少しましな気がします。もし、思い切ってつぶやいてみたら、事態は今以上には悪くならないと信じています。あなたにも安全なつながりが見つかることを、こころから願っています。

（あらい・ようこ／臨床心理学）

4 「助けて」という気持ちをクスリと一緒に飲み込んでしまう

嶋根卓也　国立精神・神経医療研究センター精神保健研究所

ODしか勝たん

今、スマホでツ○ッター（投稿サイト）を見ています。市販されている咳止め薬の名前を入力すると、ＯＤという言葉が予測変換で表示されました。ＯＤというのは、オーバードーズ（Over Dose）、決められた量を超えて大量のクスリを一度に飲む行為、つまり過量服薬のことです。投稿者のプロフィール画像には可愛らしいイラストが表示されています。投稿者は、若い女性でしょうか。「学校とバイトの両立がつらくなって学校休みがちになったときにＳＮＳで

ＯＤしている人を見て、やってみたらハマった」「ＯＤしてたら、いやなこと忘れられる」「二日連続で八四錠ＯＤしてしまった……死にたい」「ＯＤ我慢して三ヵ月。でも毎日ＯＤしたい気持ちでいっぱい」「やっぱＯＤしか勝たんよ……」。こんな書き込みが目立ちます。手のひらいっぱいの錠剤を乗せた画像を投稿している人もいます。今回、私がメッセージを伝えたい人は、このように市販薬（あるいは処方薬）のＯＤをしている人や、こうした書き込みを見ながらＯＤに関心を持ち始めているような人たちです。

「メッセージを伝えたいなんて言っているけど、あんた誰？」って感じですよね。簡単に自己紹介しますね。私はメンタルヘルスの研究所に勤務している研究者です。研究者といっても動物実験などをやっているわけではなく、人を対象とした調査を主に担当しています。専門は薬物依存です。もともとは薬学部出身で、薬剤師としての免許も一応ありますが、クスリそのものを研究したいというよりも、クスリを使う人、もっといえばクスリにハマる人に関心があります。今は、全国の中学生や高校生を対象とした調査などを担当しており、飲酒や薬物乱用に関する実態について調べています。仕事の関係で、学校の先生に会う機会も多く、中高生を対象とした授業を担当することもあります。

あなたが中学校や高校に通っている（いた）ならば、学校で薬物乱用防止に関する授業を受けたことがあるかもしれません。どんな内容だったか覚えていますか？　ひょっとしたら、恐怖をあおるような映像や写真を使って「薬物乱用はあなたのこころとからだをボロボロにする」のような内容だったかもしれません。でも、クスリを使う人には、使うだけの理由があります。「仲間外れにされたくない」「好きな人に嫌われたくない」「つらい気持ちを感じたくない」「いやなことを忘れたい」など、クスリを使う理由はいろいろあります。そういう大切な気持ちを無視して、頭ごなしに「薬物乱用はダメ！」と否定するようなメッセージは、私自身は意味がないと考えています。

とはいえ、学校で勉強するのは麻薬や覚醒剤などの違法薬物のことが中心で、市販薬のＯＤが話題になることは、まずないと思います。そもそも市販薬は合法的な医薬品ですから、ＯＤすること自体は取り締まりの対象ではありません。しかし、市販薬の中には、一度に大量に飲むことで、呼吸ができなくなったり、心臓が止まったりする可能性がある成分が含まれています。さらには、麻薬と同様に依存性のある成分も含まれています。市販薬のＯＤは、最終的には死に至る可能性のある行為です。ニュースにはなっていなくても、実際に何人もの死者（しかも一〇代の若者）が出ているという事実は知っておいてほしいです。

人はなぜＯＤするのか

あなたはどうして市販薬をＯＤするのでしょうか。鬱々と気分が落ち込んでいるからでしょうか。それとも、何かに怒りを感じてイライラしている気分が原因でしょうか。あるいはテンションを上げてハイになりたいからでしょうか。クスリを衝動的に過量服薬してしまう理由は人によってさまざまですし、同じ人であってもＯＤの理由は毎回同じとは限りません。ＯＤする理由を聞かれても「よくわからない」っていう人もいるかもしれません。本当に体調が悪い時は、どのようにしんどいのかを説明することもしんどい気分になります。また、本当に困っている時というのは、自分が何に困っているのかわからないことに困っていたりするものです。

さて、青少年がＯＤをする動機について調べた研究があるので紹介させてください。これは、イギリスの一五～一六歳の青少年六〇二〇名を対象とした調査によるものです[1]。自記式のアンケートで過去一年以内のＯＤ経験についてたずねたところ、八六名にＯＤ経験があることがわかりました。ＯＤを行った理由について調べた結果をグラフにまとめました〔図表Ⅱ4-1〕。最も多い回答は「ひどい精神状態から解放されたかった」というものでした。これは「死にたかった」という回答を上回っています。他にも「どれほど絶望的だったかを示したかった」「誰かに本当に愛されているのか知りたかった」「自分を罰したかった」といった理由が続いています。

この調査結果から読み取れる事実としては、ＯＤをする人のすべてが「死にたい」という動機からクスリをガブ飲みしているわけではないということです。ＯＤ＝自殺願望と安易に結びつける人もいますが、むしろつらい精神状態や、いやな気持ちから何とか抜け出したいという気持ちからＯＤをする姿が見えてきます。つまり、ＯＤをする人は、それだけしんどい状態にある人たちということです。本音としては、そのつらい状況から抜け出したい。誰かにＳＯＳを出したいけど、出せない。つまり、「助けてほしい」という気持ちを手元のクスリと一緒に飲み込んでしまっているような状態かもしれません。このように、クスリをガブ飲みしてしまうのは、自分が抱えているストレスへの対処行動の一つと捉えることができます。

ＯＤからの回復とは

市販薬をＯＤしているあなたのことを「依存症だ」と言う人がいるかもしれません。たしかに、市販薬の中には、麻薬と似たような依存性の成分（たとえば、ジヒドロコデイン）が含まれてい

図表Ⅱ.4-1　ODを行った理由

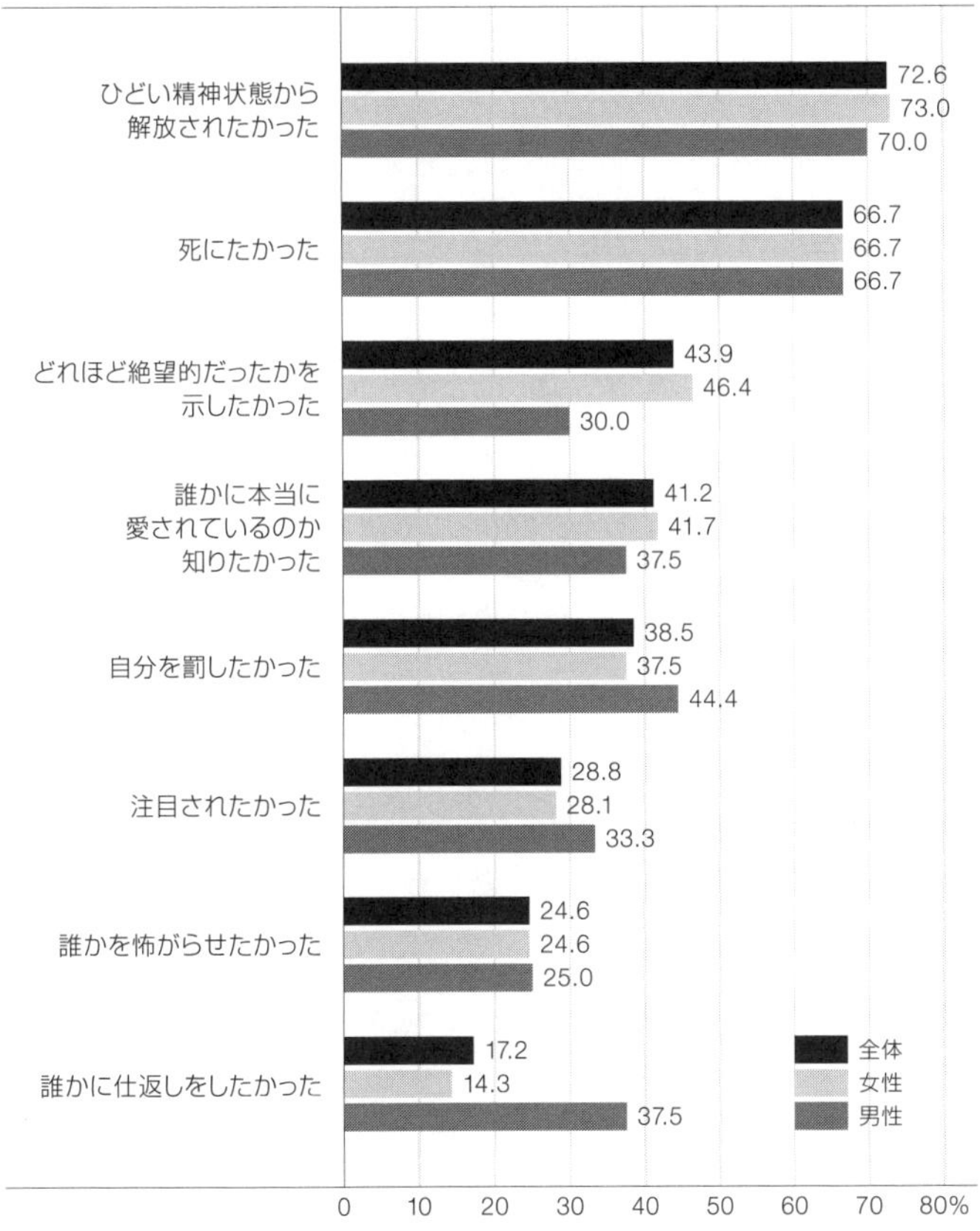

イギリスの15～16歳の青少年6020名を対象とした調査で過去1年以内にOD経験があると回答した86名によるもの。文献1をもとに筆者が翻訳、作図した。

ますので、長期間にわたってＯＤを繰り返していくうちに薬物依存になる可能性があります。とはいえ、依存症だと言われてもピンとこないかもしれません。それどころか、そういう指摘に対して「いや、私はヤク中じゃないからっ！」と反発したくなる気持ちすらあるかもしれません。あなたが依存症であるかどうかは、正直なところあまり重要ではないと思います。むしろ、あなた自身がこれからどのように生きていきたいかのほうが重要です。

あなたが依存症であってもなくても、このメッセージを読んでくれているということは、市販薬のＯＤという問題を何とか解決したいと考えているのは確かでしょう。これからの生き方を考えるならば、治癒（キュア）よりも回復（リカバリー）という考え方がしっくりくるように思います。一般的に「治癒」というのは風邪が治るとか、骨折が治るなど、病気やケガの状態が完全に治ることを言います。でも、市販薬のＯＤは繰り返します。調子がよくてＯＤをしていない時期が続いたとしても、ふとしたきっかけで前のようなＯＤを繰り返す生活に戻ってしまいます。そういう意味では「治癒」を目指すというのはとても疲れそうですし、現実的ではありません。そもそも何ヵ月間ＯＤがなければ薬物問題が完全になくなった、なんてことは誰にも言えないはずです。

薬物問題は時間をかけて「回復」していきます。時につまずいたり後戻りしたりしながら、ゆっくりゆっくり時間をかけてよくなっていくのが「回復」の姿です。再使用（今回のテーマでいえば市販薬のＯＤ）は、失敗ではなく、回復のプロセスにある「症状」と受け止めるほうがよっぽど現実的ですし、楽だと思います。そして回復の姿は人によって異なりますし、いろいろな回復のかたちがあっていいと思います。たとえば、たまにＯＤしながらも、学校やバイトに通えるようになることだって立派な「回復」ですし、つらい時に相談できる人が見つかることだって「回復」のひとつなのかなぁと私は考えています。

自分自身の気持ちを理解する

あなた自身がＯＤに対してどのような気持ちでいるのか、自分の気持ちを理解することは、回復のために役立つかもしれません。あなたは、これから先、市販薬のＯＤをどのようにしていきたいと考えていますか。「今はやめるつもりはない」とキッパリと言う人もいるかもしれません。でも、そんな人であっても、頭の片隅には「本当はやめなきゃいけないんだけど……」という気持ちが多少はあるのではないでしょうか。このように多くの人は、「ＯＤしたい気持ち」と「ＯＤしたくない気持ち」というまったく異なる気持ちが頭の中で共存しているような状態になっています。

中高生の頃って、年齢的には未成年なんだけど、子どもとして扱ってほしくないって考える人も多いのではないでしょうか。親にはあれこれ注意されたくないけど、本音では親に振り向いてもらいたい、でもそんなことは恥ずかしくて言えない、みたいな。ODをする人も、「使いたいけど、やめたい」といったまったく逆の感情が共存している場合が多いようです。これを専門的には両価性（アンビバレンス）と言います。このままじゃいけないとわかっていながらも、ついついクスリに頼ってしまう。薬物問題を抱えた人にとって、両価性はよくみられる自然な感情です。自分にもこういう両価性があるかもしれないなぁって、自分の気持ちに目を向け、理解することが問題解決の第一歩になります。

回復のモデルとなる人と出会う

ODが止まらない。学校もバイトも休みがち、親ともうまくいっていない。この先どうなっちゃうんだろうと将来に対する不安を抱えている人も少なくないと思います。あなたにとって回復のモデルとなるような人は、あなたが回復の道を歩んでいく時に勇気を与えてくれる存在になります。

あなたと似たようなことで悩みを抱え、同じように市販薬をＯＤし、学校でも家庭でもうまくいかないことだらけ。でも、最近は、市販薬のＯＤをしないでいられる時間が増えてきた。今では依存症からの回復を支援する施設でボランティアスタッフとして働いている。あなたの少し先を歩む先輩のような存在といえます。こんな回復のモデルとなるような人との出会いは、あなたの不安を取り除き、回復のヒントを与えてくれると思います。

自助グループという言葉をご存知でしょうか。自助グループでは同じ悩みをもった当事者が集まり、回復を目指す活動を行っています。薬物依存の自助グループとしては、ナルコティクス・アノニマス（ＮＡ）というグループが有名です（https://najapan.org/）。「言いっぱなし、聞きっぱなし」スタイル（議論しない）のミーティングを全国のいろいろな場所で開催しています。参加するにあたって登録などは一切不要です。女性だけのグループや、ＬＧＢＴ限定のグループなどもありますので、ぜひホームページでお近くのミーティング会場を探してみてください。いきなりの対面は抵抗があるなぁって場合は、オンラインミーティングに参加するという選択肢もあります。ビデオの画面をオフにして、顔を出さずに、他の参加者の話を聞いているだけでも十分意味があると思います。近くに自助グループがないという人は、回復者が書いた手記や体験談を通じて、自分にとってのモデルを見つけることができるかもしれません。

しんどい気持ちを大人に伝える

あなたには、つらい気持ちを気軽に相談できる大人がいるでしょうか。最も身近な大人は親かもしれませんが、ＯＤのこと「親バレ」しないように必死に隠しているのに、「親になんか相談できるかよっ！」という人もいるかもしれません。では、学校の先生はどうでしょうか。担任の先生や生活指導の先生には、ＯＤのことを知られたくないと思うかもしれません。保健室の先生（養護教諭）やスクールカウンセラーはどうでしょうか。病院やクリニックの先生はどうでしょうか。

あなたの周りにはいろんな大人がいます。ＯＤしたことを頭ごなしに叱る人や、必死にやめさせようとする人もいるかもしれません。でも、そんな大人ばかりではありません。あなたの気持ちを完璧に理解できているわけではないけど、あなたのことをもっと知りたい、理解したいと考えている大人は確実にいます。ＯＤしたことを責めたり、叱ったりするのではなく、「教えてくれてありがとう」と言えるような大人があなたに寄り添ってくれたら素敵だなぁと思っています。

もちろん、ODしてしまったことを恥ずかしいと感じるのは自然な気持ちです。ODしたことを知られたくない、隠しておきたいと考える人もたくさんいます。でも、あなたが抱えている苦しさは、やはり言葉にしないとなかなか伝わらないものです。そして「正直になること」は、「楽になること」への第一歩となります。批判されず、ありのままを受け止めてくれる人に正直に話ができることは、あなたにとっての癒しになるでしょう。あなたが正直になれる場所（人）が見つかりますように。

少し長くなりましたが、今回あなたに伝えたいメッセージは以上です。あなたにとって、今日は最悪の日だったかもしれません。まぁ、そんな日もありますよ。焦らず、ゆっくり回復していきましょう。最後まで読んでくれてありがとうございます。またどこかでお会いしましょうね。

（しまね・たくや／公衆衛生学）

5

大人はわかってくれない

——大好きなものを理解してもらえないあなたへ

佐々木チワワ　ライター

私の大好きなもの

まずは軽く自己紹介をします。現在、慶応義塾大学に通う現役女子大生の佐々木チワワと申します。読者のみんなとそこまで離れてない年齢だけど、高校生の頃にTikTokは流行ってなかったし、ぴえんよりも卍のほうが使っていたような年齢です。今は歌舞伎町に足を運んで、大好きで大金を貢いできた「ホストクラブ」を中心に歌舞伎町の社会学を大学で研究しています。

私が歌舞伎町のホストクラブで費やした金額は五年目の今で一〇〇〇万は軽く超えています。一晩で使った最大金額は一五〇万。そうじゃなくても、ただのまずいシャンパンに一〇万円以上溶かす夜が何度もありました。そうした話を大人の編集者などに伝えるとたいていこうした言葉が返ってきます。「よくそんなにお金が使えますね」「そこまでの価値があるんですか？」「ムダ金だとしか思えない」。私はそう言われたら必ずこう返すようにしています。「あなたは人生で何十万ってかけたいくらい、価値のあるものに出会ったことがないんですか？ 可哀想な人ですね」。だいたいの大人は黙ります。ざまぁ！ と思ってニコニコ取材を続けます。

高校生の頃、バイト代を貯めて一〇万のパーカーを買っている男子がいました。あこがれのモデルと同じデパコスを揃える子がいました。好きなアイドルのライブに行く人がいました。大人から、時には同級生に、「そんなもののために頑張ってるの？」って言われて傷ついた経験がある人に向けて、今回は文章をしたためたいと思います。

大人は子どもを怖がってる？

私がここまでで伝えたかったことは、「自分の好きなものを大人に理解されないって息苦しいよね」ということです。YouTuberなんて一般人に毛が生えた程度だと思ってる大人は多いし、ゲーム実況の何が楽しいかわからないという人もいるし、TikTokをはじめとしたＳＮＳには無限の可能性が広がっているのに、時間の無駄だと切り捨てる大人もいる。前時代的だよね、でもそんな大人にお願いしないとお小遣いがもらえなかったり、なんなら否定されたり。そんな悔しい思いをしている人、多いんじゃないですかね。

自分がいわゆる「ＪＫ」だったころ、よく企業のヒアリング会に参加していました。女子高生のトレンドを知りたい無知な大人たちに、今のウチらのあいだではこんなんが流行ってるよ！とプリクラのポーズから文房具まで教えて数千円のクオカードがもらえるという大変らくちんなお仕事でした。自分たちのトレンド感覚にはそれだけの情報価値があるとも知りました。彼らは若者文化を必死に勉強して、「ＪＫの最新トレンド」としてまとめてほかの大人に売るのです。今でも「Z世代最新調査！」とかやってますよね。ああいうのを「若者マーケティング」といいます。若者のトレンドをおさえることはビジネスを成功させるカギだし、「最近の若い子のトレンドをおさえているオレ」という中年のプライドも満たしてくれる便利なものなのです。

大人たちは、日々新しいものに触れて柔軟に変わる若者を、少し怖いと思っている部分があると思います。大人になればなるほど、今までの常識に縛られるといいます。大人が古いって言われるのはそういうところです。いつまでも子どものままでいてくれると思っていたわが子が化粧を始めたら「色気づいた」と急に嫌味を言ってくる親も、変わっていく子どもが怖くて、自分が寂しいから強い言葉遣いをしてしまったりします。

こころのSOS

中学生の時、一年中マスクをつけていました。自分の顔が嫌いで嫌いで、コンプレックスだから顔を隠して生きていて。マラソン大会にマスクのまま出たらめちゃくちゃ苦しくて全然走れませんでした。思春期の少し太っていた時期にショートパンツを履いていたら、母親から「そんな格好で外に出るの、みっともない」と言われたのがきっかけです。以降その言葉は呪いのように私について回っていて、いまだにテレビに出る時は自分の顔をオンエアチェックで観れないのでマスクを着けています。たまに実家に帰ると、「また太った？」とかデリカシーなく母親は言ってきます。普段なら笑って流せるかもしれないけれど、自分でも太ったな……と気にしている時やダイエットを頑張っているさなかに言われると悔しくて、何気なく傷つけているのにそれすら自覚のない母親が憎たらしくて、涙が止まらなくなりました。

そんな私が一度、母親にあらがったことがあります。つい数ヵ月前のことです。海外ドラマでいじめっ子がいじめられっ子に生卵をぶつけまくるシーンがあり、普段は何も感じないのですが、「……母親はこれくらいされて当然の仕打ちを私にしてきたのでは？」とふと思いたちました。実家でまた容姿をイジられた私は限界が来て、とはいえ生卵や牛乳は後始末が大変だな……と頭の隅っこで考えて、結果、二リットルのお茶を母親に頭から全部ぶっかけました。

「ごめん、こんなことしてごめん。でも限界が来た。二二年生きてきてずっと嫌だった。容姿について言われるのが無理だった。ここまでしないとわかってくれないと思ったから。ごめんね、でも私はずっとずっと傷ついていたし苦しかった」

そう言いながら涙が止まりませんでした。その時母親とは口論になり、冷戦状態に入り、数日後母親のほうから謝りにきました。

これも、私から母親へのＳＯＳだったのだと今は思います。自分が今傷ついていること、つらいこと、悲しかったことを共有するのは勇気がいります。いじめられてたことや暴力を受けてつらかったことなどを誰かに話すのは、自分のこころを自分で痛めつける行為でもあります。だからめちゃくちゃつらいけど、それでも聞いてくれる誰かがいるなら発散するのが大事で。

周りに言えないなら裏垢でもいい、誰も知り合いがいないネットの海でもいいから、つらいって感情を吐き出して、まずは自分のこころが発しているＳＯＳを受け取ってみてください。

親と子どもの距離

話がそれたけど、好きなものを大人や周囲に理解されないつらさの話に戻ろうと思います。私は「トー横キッズ」と呼ばれる歌舞伎町に集まる未成年の少年少女について取材をしている時期がありました。同じような地雷系のファッションが好きな男女が、自分たちの「好き」を否定されずに子どもたちだけで楽しむその場所は、楽園のように映りました。もちろん歌舞伎町のド真ん中で、悪い大人もたくさんいて、危険と隣り合わせの場所です。でもそれぞれがコミュニティを築いていて、自分の「好き」をここでなら少し大きな声で言える、普通じゃない自分を否定されなくて居心地がいい、といった柔らかい空気は、おだやかな放課後の教室のような距離感でいいなと思って見ていました。

そんなトー横に長年いる年下の男の子と話していて、忘れられなかったことがあります。「親から精神科を勧められて、何も信用できなくなった」というのです。アンタちょっとおかしいんじゃない、一回診てもらったら、という親の言葉は、対話の拒絶でもありました。親が子どもと向き合う前に、自分の知らない子どもになった時点で「異常」だとして「精神科」を勧められたことで、彼は深く傷ついて大人に不信感を抱くようになりました。

私のもとには逆に大人からの相談メッセージも届きます。「今まで普通の娘だったのに、コンカフェで働きだして、メンズ地下アイドルの男にハマって、家に帰らなくなり、学校にも行かなくなりました。娘が理解できず、言うことを聞かないので児童相談所に預けました。明後日娘が帰ってきます。どう接していいかわかりません」。親もまた、ＳＯＳを発信していました。親からしたら「変わってしまった」と思うことも、もとをたどれば変わっていなかったり、必然的なことだったりします。どうせわかってくれない、とは思っても、どうして好きなのかをいざという時には伝えられる言葉をもっていてほしいと思います。無理に向き合う必要も、親と仲良くする必要もありません。好きなものを頭から否定する親なら、「このよさわかんないなんてダセェな」くらいに思っておいていいと思います。「好きなのはわかった。理解はした。でも納得はできない」と対話をしようとする親には、自分のとっておきの好きなものをすこしだけ共有してみてもいいかもしれません。

あなたは何が好きですか？

たくさんのコンテンツがあふれた現代で、クラスの全員が見ているアニメ、全員が見ている番組、全員が好きなインフルエンサーはいるでしょうか。たぶん昔以上に多様化していて、それぞれの界隈で好きなものを語り合って過ごしているのではないでしょうか。自分の好きなものをこころから好きと言える場所ほど、居心地のいいものはないと思います。ハタから見たら価値があるかわからないかもしれなくても、それを否定せずに受け入れてくれる、なんなら一緒に好きになってくれる友人はぜひ大切にしてください。

ただ、そうしたたくさんのものがあふれる世界では、どれだけ好きか、ということを表すのに一番手っ取り早いのは「いくら使ったか」というわかりやすい数字だったりします。好きなものを好きと言えるのは素晴らしい。けど、ＳＮＳの海で同じような人を見つけると、「金を使えないオタクは帰れ」とか「金使ってないくせに好きとか言うなよ」といった過激派の意見もあります。たしかにコンテンツというのは商売ですから、誰かに応援してもらって、お金を使われて初めて成り立って、彼・彼女らが生活できるという背景があります。それでも、こうした過激思想は危険だとやはり感じざるを得ないのです。

地下アイドルやコンカフェ、配信者、読モなどの「推し活」は最初のハードルこそ低いけれど、課金をすれば無限の沼が広がっています。周りの子は自分よりも推しに課金している。「私ももっと頑張らないと」という思考は、気がついたら推しではなく「推しに貢ぐ自分」や、ほかの人よりも多くお金を使うことに向かい、お金の使い方が最初とは変わってしまったりします。私が取材してきた子たちの中には、推し活のために危ない仕事や売春をしてお金を稼いでいた子もいました。それもひとつの生き方だし、私自身ホストクラブで今なお大金を使い続けているので、それだけの価値を感じる側面は否定しきれません。

でも、改めていま一度、自分は何に価値を感じて、何が好きでお金を使っているのか、応援しているのか、推しているのかを考えてみてほしいと思います。推しのことが好きなんじゃなくて、自分の好きだったものが好きなんじゃなくて、何かを好きでいないとダメな気がしていたり、ブレブレのまま使うお金はしんどいし、執着が起きるし、なかなか離れづらくなってしまう、と私は経験上思います。

お金を使わなくても推し活はできるし、好きなものを好きと言うことはできます。そこから応援したり、自分が価値があると感じたものを、無理のない範囲で応援することも素敵です。好きなものにお金を使いたいからと努力してお金を稼ぐことも素敵です。せっかくなら、自分自身のやりたい仕事で、もっと稼げるようになるものを選んでほしいとは思います。そして、お金を使うだけじゃなく、何が好きで、どこが好きなのか語る言葉をもってほしいと思います。自分の気持ちを伝えられるのは自分が学んできた言葉だけです。言葉を磨くこと、自分が何が好きかを自分でもちゃんと理解すること。そして自分の好きなことを伝えて、理解できなかったり、拒絶するような大人には「センスねぇな」とこころの中で舌を出しながら、どうか自分の好きなものをこころから好きだと叫べる場所を見つけてください。私は親に何を言われようが、同級生からバカにされようが、歌舞伎町が好きで、ホストクラブで散財するのが好きで、そんな自分が大好きです。

（ささき・ちわわ）

6

ＳＯＳは届いているのか

――学校でのいじめや不適切な指導に苦しむあなたへ

渋井哲也　フリーライター

子どもがＳＯＳを出すための教育

ＳＯＳを言葉にしましょう――。自殺総合対策大綱（二〇二二年一〇月一四日閣議決定）という国の指針があります。その中には、「児童生徒と日々接している学級担任、養護教諭等の教職員や、学生相談に関わる大学等の教職員に対し、ＳＯＳの出し方を教えるだけではなく、子どもがＳＯＳを出しやすい環境を整えること」と書かれています。

そのため、文部科学省や教育委員会、学校では、子どもたちがＳＯＳを出すようになるための働きかけをしようとしています。実際に、こうした教育を始めている学校やＮＰＯなどもあります。先生や保護者、施設職員などの大人たちに、あなたが「助けて」と言葉にして言えるようになると、それを受けて、大人たちがあなたを助ける。そんな期待がこめられているのが「自殺予防教育」です。

もちろん、「もうすでに口に出しているよ」と思っている人もいるでしょう。「話を十分に聞いて、気持ちを受け止めてくれる」「何かしらの対処をしてくれる」、さらには「満足いく結果になる」。すでにそうした流れになっているとしたら、このページを読んでいないかもしれません。

届くとは限らない子どものＳＯＳ

大人たちに伝わる形でＳＯＳを発信できればよいのですが、簡単に届くとは限りません。たとえば、「いじめや虐待を受けている」とストレートに伝えたとしても、あなた自身が思うほど、大人たちが深刻に受け止めてくれるとは限りません。

いじめや虐待、体罰、不適切な指導、進路の悩みなどは、他人からは〝軽く〟見えることがありますよね。たとえば、日本のいじめは、暴力によるものよりは、コミュニケーションを利用したものが多いのです。経済協力開発機構（ＯＥＣＤ）は、学力調査とともに、学校生活や生徒の意識調査を行っています。二〇一五年の調査では「過去一ヶ月の間に受けたいじめ」についても聞いており、その結果、日本はイギリスに次いでいじめが多くなっています。

日本の特徴としては「からかい」が一七％と、他の国よりも多いことがわかっています。一方で「おどかし」が二・五％、「持ち物隠し・破損」が二・八％と少ないのです。つまり、物理的な暴力を伴うものよりは、コミュニケーションの中で多くいじめが起きています。だからこそ、いじめは見えにくいのです。

教え子を加害者にしたくない心理

何かしらの疑わしい場面を見たとしても、いじめと認知できない。あるいは、認知しようとしない教職員もいるのが現実ではないかと、私は取材を通じて思っています。たとえば、クラスや部活の中で、ある子どもがからかわれたとします。からかった側は、それを教職員に見られたとき、「いじめ」と思われないような〝工夫〟をしています。「いじめ」ではなく、「いじり」と主張する人たちもいます。教職員もそうした場面を見た時、「いじめ」を疑ったとしても、教え子を「加害者」にしたくない心理が働いてしまうんですね。被害者からすれば理不尽ですよね。

二〇一八年一月、名古屋市で女子中学生が自殺しました。遺族はいじめの疑いがあるとして、学校や市教育委員会に調査を求めました。そして行われた調査の結果、いじめは認定されませんでした。しかし、遺族は市長に再調査を求めました。結果、部活動内の「無視」をいじめと認定し、自殺の一因になったという報告がされました。

市教育委員会は、遺族に謝罪をしようと自宅を訪れました。その際、遺族が、いじめの加害をした生徒を「加害者」と言いました。すると、教育長は「加害者と呼ばないでほしい」と繰り返したのです。教え子を加害者と見たくない心理は、被害者が亡くなってしまった後にも表れています。被害者の立場からは、どうしてそこまで加害者は守られるの？って考えちゃいますよね。

こうした教職員の考えを日常的に読み取っている被害児童・生徒もいます。そのため、SOSを出すはずの「いじめアンケート」にも、いじめにあったことを書かないことがあります。学校側がきちんと対応してくれないなら、サインを出しても意味がないと思ってしまいますよね。

目の前で「いじめ」が起きて、教職員が目撃したとします。それでも、明らかな犯罪行為がなければ、それをいじめと認めないこともあります。たとえば、二〇一二年に佐賀県鳥栖市の中学校でいじめを受けた男子中学生が、心的外傷後ストレス障害（ＰＴＳＤ）と診断された事件がありました。

この事件では、被害者が加害者に暴力的な行為をされていました。その一場面を教室で担任が目撃したのです。しかし、担任は民事裁判の証人尋問で、「プロレスごっこ」だと思ったと主張したのです。そのことが、学校側がいじめを認識していないことの根拠になりました。

こうしたことがあると、被害を受けているあなたは、ＳＯＳのサインを出すことをあきらめてしまうかもしれない。だって、無駄ですもん。

不適切指導が招く自殺

また、教師自身の言動や指導が不登校や自殺の要因になることがあります。二〇一七年一二月、東京都内の私立中学校の男子生徒が自殺しました。学校側は、第三者調査委員会を設置しました。その報告書によると、自殺した生徒が二日連続で生徒指導の対象になっていたことがわかりました。一日目は、年賀状を出すために聞いた教師の住所を生徒がＬＩＮＥで共有したことを教師側は悪意があると判断し、「ふざけるんじゃないよ」などと大きな声で叱責しました。その翌日、「ゲームセンターの両替機から九〇〇〇円を取り忘れた。着服されたかもしれない」という地域住民からの問い合わせが学校にあり、この件でも、その生徒が指導対象となった。

この生徒は「両替機からメダルが出てきて、使用した」ことがあったのですが、それは地域住民の主張する時期とは違います。そのため、この件とは関係がないとみられますが、「もし嘘をついているなら、処分も厳しくなる」と叱責されました。

報告書では、二日にわたった指導は、「威圧的指導」「教育的配慮に欠けた」と指摘されました。生徒にどのような心理的変化があったのかは想像するしかありません。指導をした教師は、それまで生徒との関係は良好でした。そんな教師からの「威圧的指導」は、余計にショックだったのかもしれません。

不適切な指導に関する認識は前進した?

こうした不適切な指導に起因した自殺を「指導死」と呼ぶことがあります。不適切な指導は、いじめほど社会的な関心が高くはありません。そのため、不適切な指導を受けたことで、子ど

図表Ⅱ.6-1　不適切な指導と考えられ得る例

- 大声で怒鳴る、ものを叩く・投げる等の威圧的、感情的な言動で指導する。
- 児童生徒の言い分を聞かず、事実確認が不十分なまま思い込みで指導する。
- 組織的な対応を全く考慮せず、独断で指導する。
- 殊更に児童生徒の面前で叱責するなど、児童生徒の尊厳やプライバシーを損なうような指導を行う。
- 児童生徒が著しく不安感や圧迫感を感じる場所で指導する。
- 他の児童生徒に連帯責任を負わせることで、本人に必要以上の負担感や罪悪感を与える指導を行う。
- 指導後に教室に1人にする、1人で帰らせる、保護者に連絡しないなど、適切なフォローを行わない。

もたちにどのような心理的変化が生じるかという研究はあまりされていません。

教育評論家の武田さち子さんが報道などをもとにホームページでまとめています。それによれば、一九八九年以降、二〇二一年までの三二年間で一〇〇件の指導死（未遂を含む）が起きています。そのうち暴力が伴っているのは一一件だけ。このまとめでは、私が取材した指導死未遂は含まれていません。そのため、暗数はかなり多いのではないかと想像できます。

生徒指導の基本書とされる「生徒指導提要」というものがあります。策定されて一〇年が経ち、ネット環境や時代の変化に伴って生徒指導のあり方も変化してきました。そのため、二〇二二年に「提要」が改訂されました。

「不適切な指導による自殺や不登校」があり得るとの内容が盛り込まれています［図表Ⅱ6-1］。

これは、指導死遺族らで作る「安全な生徒指導を考える会」が要望した結果でもあります。不適切指導が自殺や不登校を招くことを、これまで文部科学省は認めてきませんでした。「提要」の改訂によって、認識は前進したと言えるでしょう。

「九月一日」だけを問題にする理不尽

子どもの自殺に関しては、学校の対応が問題になるケースが相次いでいます。そのため、ＳＯＳを発信しても何になるのか、と思ってしまう子どもたちもいるのではないでしょうか。これを防ぐために、現在では、教職員側に対して、ＳＯＳの受け止め方を学ぶような研修をしているところがあります。

子どものＳＯＳのサインは、特定の時期にのみ出されるわけではありません。厚生労働省の調査で、過去に子どもが自殺した日として九月一日が最も多いというデータがあり、その結果から、九月一日を「要注意日」と位置づけることがあります。たしかに、長期休暇が明けた後は、夏休みに限らず、自殺のリスクが高いといわれていますが、他の日に子どもが自殺しないわけではありません。「九月一日に多い」という統計は知っておいて無駄ではありませんが、それにとらわれすぎては本末転倒です。

私が取材したある女性は、高校生の時、「九月一日問題」の報道に苛立っていました。なぜなら、その直前の八月中に自殺未遂をしていたからです。特定の日だけ、苦しいわけじゃないですよね。

場所の問題に注目してほしくない

自殺のサインは学校内で出されるとは限りません。近年話題になっている、いわゆる「トー横キッズ」の問題が象徴的です。新宿・歌舞伎町の映画館ＴＯＨＯシネマズの横の路地が「トー横」と呼ばれていましたが、最近では、近くにあるシネシティ広場も含めて、「トー横」と呼ばれています。

二〇二一年五月、トー横キッズの男女二人が、歌舞伎町のホテルから飛び降りました。この件があったことで、私も、トー横キッズを取材するようになりました。同時に、社会的関心が高まり、警察が一斉補導することが繰り返されました。児童相談所が一時保護する、といったこともあります。しかし、サポートやケアがなされないままに、家庭に帰されてしまうケースもあると聞いています。

「家庭で虐待されている」「学校でいじめを受けている」という問題が改善する気配がない。そんな現実の中で居場所がない子どもたちが焦点化されました。そうした情報が流れると、同じように居場所なき子どもたちが集まってきます。同じ問題を抱えた仲間が集まると、ほっとしますよね。

一方で、少年少女を狙った犯罪も起きやすくなります。さらにまた、警察は一斉補導をするという繰り返しです。余計に大人を信用できなくなりますよね。これではモグラ叩き状態で、居場所なき子どもたちがトー横から姿を消したとしても、トー横キッズが提起している問題は解決していません。

それでも、トー横だけでなく、同じような場所に集まってくる子どもたち。たとえ事件に巻き込まれたとしても、家や学校で過ごすよりはマシと感じているんじゃないでしょうか。一時の嫌なことよりも、取り巻く現実が苦しいと感じてしまっているのですよね。

自分なりのＳＮＳ相談利用法を

二〇一七年一〇月、座間九人殺害事件が発生しました。死刑となった犯人は、Twitterで「死にたい」などとつぶやいていた女子高生や女子大生、主婦をターゲットに、「一緒に自殺しよう」などと声をかけ、強制性交後に殺害しました。この教訓から、厚生労働省は、ＳＮＳ相談を強化しました。

電話での相談は、いのちの電話や自殺防止センター、チャイルドライン、行政、警察が行っています。しかし、若い世代ほど電話相談をしません。ＳＮＳには、別のことをしながら相談できるというメリットがあるため、推進され、アクセスも増えています。

こうしたＳＮＳ相談によって悩みが解消したり、解決へのヒントを得られることがあります。また、ひとまず感情を抑えられることもあります。

でも、アクセスを試みようとしても、電話相談ほどではないとしても、つながらないことが多いです。ある女性は、自分の気持ちを整理するために、返信を期待せずに相談のアカウントにつぶやき続けています。そういった形で、自分なりに気持ちの整理の仕方を見つけるのもいいかもしれないですね。

信頼関係を作り上げるために

もちろん、生きづらい子ども・若者たちが信頼できる大人がすぐに見つからないこともあります。信頼できるようになるには、相手との関係性が大切ですが、関係作りは時間がかかるものです。

途中で、お互いに不信感を抱くことも、傷つけ合うこともあります。大人が加害性をもってしまうことだってあります。ただ、その先に、信頼が生まれることがあります。

少なくとも、大人の側があきらめないことが必要になりますが、育った時代が違うので、子どもの気持ちを理解するのに時間がかかることもあります。だから、あなたも、信用できない部分が大人にあったとしても、すぐにあきらめないで。

（しぶい・てつや）

7

部活をするのは何のため？

──「これって体罰かも」と感じながら、身動きがとれないあなたへ

為末大　Deportare Partners／元プロ陸上選手

みなさん、はじめまして。為末大と申します。

私は二〇一二年までプロ陸上選手として活動していました。専門種目は四〇〇mハードルで、世界選手権で二度、銅メダルをとったことがあります。

競技を引退した後は会社経営、執筆活動などに携わっています。私が選手時代から一貫してもち続けているのは「人間を理解したい」という思いで、このことがいろんな活動の根っこにあるのですが、語り始めるとすごく長くなってしまうので別の機会にゆずることにして、今日は、「体罰」についてのお話をしてみたいと思います。

なくならない体罰

部活動のなかで、顧問の教員などの指導者が生徒に対して暴力を振るう、いわゆる体罰の問題。ずっと以前からあったものですが、最近もしばしば報道されています。もちろん、学校のなかで部活動以外の場面での体罰もあるでしょうし、家庭で親が子どもに体罰を加えることもあるでしょう。表沙汰になっているもの以外にも、数多くの体罰が社会に存在しているだろうと思います。

今の時代、表立って体罰を肯定する人はほとんどいないでしょう。でも、これだけ「体罰はダメだ」といわれているのに、いまだになくならない。それだけ根深い問題だといえます。だからこそ、表面的な行動を規制するのみではなく、問題の根っこの部分をみていくことが大切だと思います。

私自身の経験でも、いろいろな指導者とじっくり話をしていくと、「体罰がダメなのはわかるけど、でも、いい面もあるよね」という考えを聞かせてくれる人は少なくありません。そうした考えの背景にあるものは何なのか。

たぶん本質にあるのは、誰かにプレッシャーを与えて、その結果として何かの行為を無理やりやらせたとしても、人は成長することができるんだという発想だと思います。実をいうと、私自身、自分が何か「こうしたい」「こうすべきだ」と思っているときに、その通りに動かない誰かを見て、力を行使して動かしたくなるのは、わからないでもない。たとえば私は会社を経営していますが、期限が迫っているのに動きが悪い社員に対して、「いいからやりなさい」と指示するケースがあります。あるいは、自分の子どもが食べず嫌いで何かを食べようとしないときに、「一度食べてごらん、でないとわからないじゃないか」と無理に食べさせる。こういったことは社会の至るところにあると思いますが、強いものが弱いものに対して力ずくである体験をさせにいくということは、体罰に近いところがあるように感じています。

体罰はなぜ許されないのか

それでも、あるラインを越えたとき、その行為は体罰と呼ばれます。議論の余地なくそれは体罰であり、殴ったとか、度を超えた暴言などはわかりやすいですね。明確に許されない行為です。

ただ、なかには判断が難しいケースもあります。たとえばボクシングのコーチが選手のからだに一切触れずに指導するなんてことは不可能でしょう。それがどのくらいの強さになると暴力で、どのくらいまでデモンストレーションなのかは、不明確です。

あるいは、罰走。何かの罰として長い距離を走らせるというものです。これは日本ではグレーゾーンで、明確な体罰ではありません。しかしアメリカだとアウトです。罰のために何かをやらせることは、禁止事項として明記されています。

パワハラとも似ていますが、それぞれの状況を見ながら、「このラインを越えてはいけないね」という合意を社会としてつくっていくものなんだろうと思います。私としては、生徒たちが先生に強く抑圧されていて、「いやだ」なんてとても言えない状況で、罰走のようなことをやらせるのは、体罰的だと感じます。

そもそも体罰が悪なのは、それが相手の主体性を奪う行為だからです。根本的に、スポーツは本人がやりたいからやるものです。体罰は、本人がやりたいかどうかは抜きにして何かをさせようとしたり、萎縮させたりするので、自主性を奪ってしまう。スポーツの本質から外れているんです。

こんなふうにいうと、「じゃあ、子どもたちに何かをやらせようとするのは全部ダメなのか」と反論されるかもしれません。たしかに、つねに「好きなことを自由にやっていればいいよ」

というスタンスで、すべての子どもが伸びていくかというと、そうではないかもしれない。外から挑発したり強制したり刺激したりすることで、スイッチが入って、成長していくケースもあると思います。先生と生徒の関係でも、親と子の関係でもそうですが、人間同士が向き合って何らかの交流が行われるなかで、双方が変化していくというダイナミズムがあります。その極端なやり方の一つが体罰であり、反対の意味で極端なやり方として、まるで関知しないということがあるといえるかもしれません。その中間にあるはずの、個別の状況や相手に合った一番いいやり方を見つけるのは、すごく難しいことです。でもそこを一生懸命探していくことが大切で、体罰を肯定する大人は、その努力をせずに、自分に都合のいい理屈をつけているだけだと私は思っています。

構造的な問題

部活動における体罰には、構造的な問題もあります。

最大の問題は、人間関係や立場が固定されていること。日本の部活動では、学校の外の人がかかわることが少ないですよね。かつ、先生と生徒の上下関係がはっきりしている。そうした状況だと、生徒の側が先生に何か意見したり、反発したりすることがとても難しくなってしまう。強豪校だと、監督に権限が集約されていて、トレーニングのやり方もレギュラーも全部監督が決める、そうすると、親も含めて、「ちょっとくらいのことは我慢しよう」という価値観ができあがっていることもあります。

学校のなかで全部が行われるのではなく、外から指導者が来る、あるいは生徒が外に出て行く、という仕組みがあると、体罰は減ります。会社でも社員が頻繁に出入りしていると、「あそこはブラック企業だった」と外で言いふらします。人の流動性が高まると秘密を保持しきれなくなります。

あるいは、外部の視線が届くようにすることも有効です。体罰は体育館スポーツに多いと言われていますが、それはやはり外の人が見ていないからですね。

体罰を防止するためのガイドラインなどもできていますが、こころがけでなくすことはできません。人の流動性を高め風通しをよくするとか、第三者委員会をつくるなど、具体的に対応する方法があります。体罰は必ず起こるという前提に立ち、予防したり、起きた場合にすぐ情報が共有されるといったシステムで対応するほうが効果的だと思います。

最近は、部活動のあり方そのものを見直そうという動きもあります。日本の部活動は練習時間があまりに長すぎるとか、学校内に閉じすぎているといった問題があるので、そのあたりと体罰の問題をセットで改善するような、新しいモデルができていくことを期待しています。

自分の違和感は信じていい

ここまで、体罰とはどんなものかということやその背景、体罰がなぜ許されないのか、日本の部活動の構造的な問題について確認してきました。こうしたことについてみなさんにも知ってもらうことが、体罰の問題を解決していく助けになると考えたからです。

とはいえ、言うまでもなく、体罰は大人が加害者です。子どもの側に責任はない。だから、大人が解決に向けた努力をすべき問題です。そのことははっきりさせたうえで、今、体罰や、体罰かもしれない指導を受けてしんどい思いをしているあなたに、伝えたいことがあります。

あなたがもしかなりの実力者で、スポーツ推薦で今の学校に入ったのだとしたら、がんじがらめの状況に陥っているかもしれません。いくらつらくても、部活をやめるなんて考えられないですよね。部活をやめるということは学校をやめるということになる。今まで応援してくれた両親にそんなこと言えない。部に残るとしても、変なことを言ったらレギュラーを外されるかもしれない、そしたら大学にも行けなくなる。高校卒業まではなんとか我慢しよう……なんて考えてしまうのではないでしょうか。

　でも体罰があるのだとしたら、明確に問題なのはその先生です。だから、もしそうしたことがあるのなら、みんなに知らせることが最終的に全体のためになると考えて、報告してほしいです。窓口があるはずですし、もちろん匿名で大丈夫です。その結果あなたが大きな不利益を被る、競技が続けられなくなるといったことは、実際にはまずありません。

　もしかしたらあなたは、その先生のことを信頼している部分もあって、告発みたいなことをするのは申し訳ない、と感じているのかもしれません。だけど、体罰という行為だけをみれば、それはやはり問題なので、ちゃんと表に出すべきです。

　……でも、そうはいっても、体罰を報告するなんて、簡単なことじゃないのはもちろんわかります。だから、もしそれができなくても自分を責めないでください。ただ、覚えておいてほしいのは、なにか違和感を覚えたり、「いやだ」と感じたりしたときに、それをため込まずに、しっかりと言葉にできる大切さです。癖みたいなもので、普段から小さな違和感を口に出すようにしていると、いろんなことを人に話せるようになりますが、あるところまでため込むと、言えなくなってくるんですよね。不快なことでも我慢するのが習慣になって、「好きじゃない」

とか「やりたくない」と言うのが悪いことのように思ってしまう。そしてそのことが自分をむしばんでいきます。

体罰も、いきなりガーンってくるというより、「えっ、これ大丈夫？ 大丈夫？」って思っているうちに、気づいたら一線を越えているということが多いんじゃないでしょうか。だから、自分のなかの不快のラインをはっきりさせて、「これはよくないですよね」と言えるようになることは、この先の自分自身のために、大切なことです。

スポーツの意味

最後にもう一つ。そもそも、スポーツをやる意味ってどこにあるんでしょうか？

私が思うに、今より強くなる方法を自分で考えて、実際に試してみて、出た結果から、「どうしてこうなったんだろう」とさらに自分で考える、このサイクルをぐるぐる回していくというところに、スポーツの面白さがあるのではないでしょうか。このサイクルが回っていかないと、なかなか強くはなれないし、仮に強くなったとしても、その後の人生であんまり役に立ちません。

もしかしたらあなたは、勝つために部活動を頑張っているのかもしれない。そして、「これってひょっとして体罰かも」と思うことがあっても、「でも、そんなこと表に出したら大会に出られなくなるしな」と考えてしまっているのかもしれません。周囲のことを考えて身動きがとれなくなる、それは大人の世界でも時々あることです。

でも、他人に気をつかってよくないことを見過ごすのは、回りまわって、結局みんなを不幸にします。だから勇気を出してほしい。チームの仲間たちもいつかわかってくれるはずです。「勝つために頑張る」というのは、実は浅い話です。ただ勝ったところで大したものは残らない。毎年誰かは勝ちますから、実績なんかは何年か経てば忘れられていきます。でも、仲間と一緒にああだ、こうだと言いながらいろいろ工夫したプロセスは残ります。そのことを、ぜひ覚えておいてほしいと思います。

（ためすえ・だい）

8

いじめを知り、解決するために
――いじめを受けている、いじめを受けたことがある、いじめを止めたいあなたへ

荻上チキ　ＮＰＯ法人ストップいじめ！ナビ

科学的な知識が救いになる

私は「ストップいじめ！ナビ」というＮＰＯの代表をしています。この団体は一〇年以上、「いじめ対策の知識」を広く伝える活動を続けています。

私自身も子どもの頃、長年にわたっていじめを受けてきました。無視される、嫌なあだ名をつけられる、日常的に暴力をふるわれる、自分の物を隠されたり盗まれたりする、悪口を書いたメモを回される、噂話を広げられる、性的な嫌がらせを受ける、集団から吊し上げられる。

典型的ないじめは、一通り受けたように思います。

大学生になり、いろいろな研究について学ぶのが好きになった私は、いじめに関する書籍や論文を読んでみることにしました。二〇〇〇年代前半のことでした。その読書体験は、自分にとって多くの驚きがありました。というのも、科学的な研究が、いじめのメカニズムなどについて、かなりくわしく解き明かしてきていたからです。

たとえば、いじめは起きやすい場所があること（日本では、休み時間の教室が一位です）。いじめが起きがちな関係があること（日本では、クラスメイトが一位です）。いじめの九割以上は大人の目が届かないところで行われること。そして小中学生の間では、九割近くの生徒が、どこかのタイミングで、一度はいじめの当事者になるということです。

いじめの当事者というのは、被害だけでなく、加害経験においても同様です。小学生や中学生の間に、多くの人が一度は、誰かを叩いたり、からかったり、噂話を流したりしているということです。

振り返ってみれば私も、「いじめられっ子」であることが多かったものの、誰かの悪口を言ったりした経験があります。それは相手にとって、大きな精神的苦痛だっただろうとも思います。

こうしたいじめのメカニズムについて知ったことで、不思議なことですが、私はどこか、救われたような気持ちになりました。自分の理不尽な体験を、言葉によって解剖し、自分から切り離して考えられるようになったのです。「自分が悪かったのだ」「自分はいじめを受けるような駄目な人間なのだ」といった思い込みから、少し自由になれた気がしたわけです。

また、いじめという現象が、環境要因によって増減することがわかったのも大きなことでした。それまでは、まるで歯が立たないモンスターのようなイメージであったいじめが、攻略可能な出来事だと学べたこと。そのことで、この世界の居心地が改善されたように思いました。

「環境要因」とは何か。たとえば人は、部屋の温度が高いと、イライラして他者を攻撃しやすくなることがわかっています。この場合、「部屋の温度」が環境要因となります。いじめに関連していえば、「先生の態度」「授業のわかりやすさ」「いじめに対する学校のアナウンス」「校則の厳しさ」など、一つひとつが環境要因となります。

現代のいじめ対策は、そうしたさまざまな環境要因を意識したうえで、「いじめを増やすような環境要因」を取り除いていくことを重視します。いじめに関する授業の方法、いじめへの介入方法など、「こうすればいじめが何割程度減る」ということもわかってきています。

しかし残念なことに、「いじめに関する科学的な知識」は、まだまだ教育現場に行き届いているとはいえません。そのため、いじめが放置されたり、いじめに対する間違ったアプローチがとられることも、残念ながら起き続けています。

この文章では、いじめを受けているあなた、あるいはいじめを受けたことがあるあなた、さらにはいじめを止めたいあなたに向けて、いじめ研究のポイントをお伝えしたいと思います。

被害者を否定しない

学校であなたが、誰かから嫌な目にあわされているとしましょう。その場合は、それが「いじめ」と呼ぶに値するかどうかと関係なく、あなたの苦痛や不安は取り除かれる必要があるということを、まず確認しておきたいと思います。

いじめには一応、国としての定義や、学問としての定義があります。ただ、それに当てはまるかどうかが重要なのではありません。まずは、あなた自身が、他者の行動にストレスを感じていること。その不快感そのものはケアされて然るべきなのだということを、忘れないでください。

そのうえでいじめについて、「被害者にも落ち度がある」という意見を否定しておきましょう。もしあなたに何か、他人から非難されうるような問題があったとします。だからといって、それをいじめによって指摘したり、報復したり、罰を与えたりすることは、手段として間違っています。

たとえば嫌いな人がいるからといって、「殺す」という手段を用いれば犯罪ですよね。同様に、「いじめ」に類する手段を用いた段階で、「加害者が悪い」ことになります。だから、「自分には改善点がある」ということと、「いじめという不当な手段はやめるべきである」ということとは、切り離して考えましょう。そしてあなたが理不尽な仕打ちにあっているのであれば、それは不適切なものとして、止められる必要があります。

「線引き」と「第三者の介入」がポイント

いじめはなぜ起きるのか。「いじめは悪いこと」だというのは、大半の人が知っています。それでもいじめは起きます。なぜなのでしょう。

いじめをしてはいけない、という考え方や雰囲気のことを、「いじめ抑制規範」と呼びましょう。こうした考え方を、多くの人は身につけています。ただし、この「いじめ抑制規範」が、いくつかの理由で、緩んでしまうことがあるのです。

加害者のこころに着目すると、「懲らしめ」「異質性排除」「攻撃に対する享楽」「周囲の同調圧力」などが、規範の緩みに影響します。「相手が悪いから、いじめてもいいんだ」「おかしな人だから、からかってもいいんだ」という言い訳があると、「いじめはいけない、けれど、これはいじめではない」と、いじめに加担してしまうことが起こります。

また、いじめはそれ自体に、「面白さ」があります。相手より強いと思える優越感だけでなく、からかうことの楽しさや、その楽しさをいじめ仲間と共有する連帯感などを味わえます。また、他の人がいじめているから、自分がいじめられたくないからと、同調圧力によっていじめに加わる人もいます。

このような時に効果的なのが、「線引き」と「第三者の介入」です。

まず、どういう行為がいじめであるのか、他者への不当な攻撃であるのかを、しっかり「線引き」すること。それには、被害者がその場から立ち去ることでいじめを延長させないことだけでなく、周囲の大人があらかじめ、人を嫌がらせる行為とはどういうものかを伝えておくことが重要となります。

それから「第三者の介入」は、教師や保護者だけでなく、行政や地域住民、警察や裁判所、ＳＮＳの運営者、そして周囲の目撃者などが、何かしらの介入を行うことです。「先生にいじめをチクると悪化するだけだ」という印象もあるかと思いますが、先生にいじめを通報・相談した場合、七割が解消に向かう一方、悪化するのは一割ほど。確率的には、相談したほうが効果的であるといえます。一割の悪化は大問題ですが、その状況も今は変わりつつあります。

いじめ対策の効果

二〇一三年。いじめ防止対策推進法という法律が作られました。この法律によって、日本のいじめ対策は大きく前進しました。

法律では学校に対して、いじめを防止する義務があることを明確にしました。学校はこの法律に基づいて、「いじめ対策のチームを設置すること」「いじめ対策の年間行動計画を立てること」などを行うようになりました。また、いじめ事例には、担任の先生など個々人が対処するのではなく、学校全体で対応することが必要になりました。そのため、たとえば「担任ガチャ」といったような、担当する先生がおかしな対応をしたからいじめが悪化した、というケースを避けることができるようになりました。

とりわけ、こころやからだ、財産などに重大な影響を与えるいじめが起きた疑いがあれば、その事例に特化した対応チームを作る必要があります。もしあなたが、大変ないじめが起きているということを学校に伝えたら、学校はチームを作って具体的に対処する義務があるのです。

つまり現在の法律では、「第三者の介入」をより行いやすい環境を作ることが目指されています。そのためか、二〇一四年からは、日本のいじめはようやく減少傾向になりました。それまではずっと横ばいだったのですが、全国でいじめ対策が動くことによって、少しずつ改善されてきたのです。

また、世界では、さまざまないじめ防止プログラムが開発され、導入されています。その多くは、「第三者の介入」を重視しています。大人たちが子どもたちの様子をしっかりと見守ること、いじめが起きやすい「ホットスポット」を把握して見回ること、いじめの問題点をあらかじめ伝えることで「いじめ抑制規範」を育てること、いじめがあった場合の相談窓口を明確にしておくこと。こうしたことに取り組みます。

同時に、子どもたちに向けて、「行動する傍観者」になるように呼びかけます。傍観者の行動は、いじめに大きな影響を与えます。周囲の人が笑っていたり、注意しなかったら、加害者は「このいじめは問題ないんだ」と学習し、いじめをさらにエスカレートさせるかもしれません。しかし逆に、周囲がそのことを問題視し、行動した場合は、いじめは早期に止まります。

傍観者がとるべき行動とは、何もみずから仲裁することばかりではありません。仲裁に入ると、自分が殴られたり、いじめのターゲットになったりするかもしれず、怖いですよね。そこで、大人にいじめの事実を伝える「通報者」になること、ムードを変えていじめから気を逸らす「スイッチャー」になること、被害者に寄り添い、シェルターのような拠りどころとなって孤立しないようにする「サポーター」になることなどの手段があります。

なお、いじめに加担している人は、第三者の介入を恐れているからこそ、「チクるやつは卑怯だ」という理屈をふりかざそうとします。小さな集団ではそれで言い逃れができるかもしれませんが、社会ではその言い分は通じません。むしろ、「見て見ぬふり」をしているほうが問題視されます。

大事なのは、「いじめをしたら、通報されたりして注意される」「注意されたら、罪悪感が芽生えて苦しくなる」といった感覚を、教室で育てること。こうした取り組みの積み重ねで、いじめを実際に減らしていくことが可能となります。

今、いじめにあっているあなたができること

とはいえ、このような全体的な話は、今まさにいじめにあっている人にとって、あまりここ

ろに響かないでしょう。「全体的に減っていても、現に自分はいじめにあっている」という人は、とにかく自分の安全をなんとかしてほしい、と思うでしょう。その思いはまったく正しいものです。

いじめを受けると、つらい気持ちや、みじめな気持ちになってしまいます。怒りや絶望を覚えることもあるでしょう。私もいじめを受け続けていた時は、「学校がつぶれないかなあ」とか「地球が滅びないかなあ」などと、毎日考えていたものでした。のちに、「孤独感は、世界や他の集団の解像度を下げ、攻撃心を募らせ、社会に参加するモチベーションを下げる」という心理学の研究を知って、まんまと当てはまっていたなあ、と思ったものです。

でも、あなたには、いじめを受けず、安全な環境で教育を受ける権利があります。そのためにあなたにできる、いくつかのポイントをまとめていきましょう。

①受けたいじめを記録する

日本のいじめは、「暴力系のいじめ」よりも、悪口などの「言語系のいじめ」や、無視などの「関係性のいじめ」が主流です。とりわけ中学校では、言語系、関係性のいじめがメインとなります。

そうしたいじめは、周囲からわかりづらいところがあります。というより、そもそもいじめは、加害者が注意を受けたくないからこそ、「注意を受けなさそうな状況」において、「反撃されなさそうな手段」で行われがちです。

そうしたいじめの被害を止めるために、そもそもどのようないじめを受けたのかを記録することが重要です。誰から、どのようないじめを受け、どのような気分になったか。その時に目撃者はいたのか。場合によっては、動画や音声を残しておくのもいいでしょう。なお、いじめやハラスメント被害の証拠を録音・録画することは合法です。ネットいじめなどは、証拠が残りやすいいじめなので、画面をキャプチャーしておくことも重要です。

②対処を求める

いじめについては、まずは加害者に「ノー」という意思を示しつつ、相手の快楽などを満たさないために、その場から立ち去って安全な場所に避難することが重要です。そのうえで、いじめについて対処すべき立場にある人に、通報・相談することが大事になります。

通報先は、保護者や担任の先生に限りません。他のクラスの先生、部活動の先生、保健室の先生や校長先生、スクールカウンセラー、住んでいる市区町村の相談窓口、いじめ対策の

NPOや、LINEの相談窓口など。一ヵ所に相談して動いてくれなくても、複数のオプションが必ずあります。

その際、「握手で仲直り」など、納得できないような和解策に応じる必要はありません。安全な教育環境を作るまで、適切な対処を求めることができます。

③「避難所」を見つける

いじめが解決されるまでの間、「有害ではない場所」や「安心できる場所」を、できれば複数作りましょう。教室が危険なのであれば、他のクラスの友だちや保健室、図書室、職員室など。学校が危険なのであれば、塾や児童館、図書館やフリースクールなど。あるいは「家に帰ってからゲームをする」「週末には親戚に会う」「卒業したら東京に行く」といった、少し先の計画を思い浮かべることも重要です。

いじめが起きている「その場所」は、世界そのものではありません。「その場所」があなたにマッチしないとしても、他の場所が必ずあります。

④自分のこころをモニタリングする

いじめを受けると、相当のストレスを受けることになります。仮に解決したとしても、「いじめ後遺症」が残ることがあります。そこで、ストレスやからだの疲労を確認したうえで、自分にとって楽な環境で過ごしたり、癒しになるようなことをする必要があります。

人はストレスを放置すると、さまざまな病気になってしまいます。それを防ぐために、「ストレスのもとをなくす」「ストレスから距離をとる」「ストレスを発散する」といった手段があります。いじめをなくすのが一番ですが、時には図書館学習やフリースクールなど、いじめが起きる空間（起きた空間）から距離をとるというのも一つの手段です。

本来は、こうしたことを被害者が考える必要がないよう、適切な相談体制を用意するのが学校と行政の義務です。それが不十分な場合、学校や行政に改善を求める権利があなたにはあります。

いじめについての科学は、日々発展しています。その知識は、被害にあった人を救う力をもっています。より安全な人間関係につながり直すため、こうした知識の一部でも、参考になれば幸いです。

（おぎうえ・ちき）

9　宗教二世として苦しむあなたへ

横道誠
京都府立大学文学部

あなたも宗教二世かもしれない

二〇二二年の流行語大賞（正式名称は「二〇二二ユーキャン新語・流行語大賞」）のトップ10に、「宗教二世」という言葉がランクインしました。自分のことだ！　と思った人もいるかもしれないし、自分に関係があるとは気づかなかった人もいるかもしれません。

　宗教二世という言葉に関して、明確な定義は確立していません。それはすべての宗教の二世信者を指すのか？　つまりキリスト教のカトリックや、仏教の浄土真宗の二世信者なども含むのか？　多くの人は、宗教二世は新宗教（一般的には「新興宗教」と呼ばれるもの）の二世信者と考えていますが、実際には伝統宗教にも宗教二世問題はあることが報告されています。

宗教二世とはある教団の二世信者全体を指すのか？　という問題もあります。一般に宗教二世問題で焦点が当てられているのは、宗教二世としての生育過程で「宗教被害」を受けたと訴える人々で、そのような被害を受けていない宗教二世とのあいだで、ギスギスした心情が高まっています。私の場合は、宗教被害を受けたと考える二世信者のみを「宗教二世」と捉えることにしています。そうでない人は、「〇〇教の二世信者」と名乗ればよく、「宗教二世」と名乗る必然性はないと思うのです。

それでは、ある宗教の三世、四世、五世はどうなるでしょうか。宗教二世と同じような宗教被害を受けた人は、三世でも四世でも五世でも、あるいは一五世でも一〇〇世でも、宗教二世と名乗る資格があると私は思います。この考え方はマスメディアの取材でびっくりされたことがありますが、同質の構造的問題があるのだから、この考え方でおかしくないと思っています。

宗教二世問題ではなく、「カルト二世」問題だと指摘する意見もあります。二世問題が主として、「カルト的」と表現される狂信的な宗教で起こっていることが理由の一つですが、先に述べた観点、つまり伝統宗教でも起こる問題という観点に立つ私は、この見解には反対です。

しかし、伝統宗教か新宗教かを問わず、宗教被害は「カルト的」な構造によって発生することはまちがいないため、状況によっては「カルト二世」という表現を使うのはアリだと私は考えています。

「カルト二世」という言葉を使うことで、宗教二世問題と同じような構造の別問題も支援の対象にできることは見逃せません。たとえば、親が自己啓発セミナー、マルチ商法、極左活動、ネトウヨ言説にはまってしまった家族の二世問題がそうです。彼らの悩みは宗教二世の悩みに非常に似ています。「宗教二世」と「カルト二世」のどちらが正しいかという二者択一ではなく、併存する用語として認められていくべきだと考えます。

宗教二世の会に参加してみて！

さて、ここまで読んできたあなたが、自分も宗教二世だ、あるいはカルト二世だ、と感じるならば、そして誰かに聞いてもらいたい悩みがあるならば、ぜひTwitterの「宗教二世の会」アカウント（@sh2sei）で告知している定期的なミーティングに申しこんでみてください。主宰者は私で、費用は無料です。

私は、何かの問題の「当事者」を自認する人たちが語りあい、支えあう「自助グループ」を現在九種類ほど運営しています。私に付属する発達障害、アダルトチルドレン（機能不全家庭で生まれ育った人）、ＬＧＢＴＱ＋、そして宗教二世などの属性を媒介して、同じ属性をもつ仲間たちと結ばれようと考えたのがきっかけで、「宗教二世の会」もそうして作ったグループの一つです。

そこでは私自身の体験も、ほかの参加者の体験も、出身教団の名前を出し、教義なども紹介しながら語りあいます。そして、この苦しみが自分だけのものではないこと、自分が悩んでいたのと似た問題にほかの参加者が別の角度から向きあっていることを知って、感銘を受け、思考を促され、慰められ、勇気を与えられると思います。

宗教二世の本を読んでみて！

そのような集まりにすぐに申しこむ決心がつかない人もいるかもしれません。その場合は、関連する書籍を手に取ってみてはどうでしょうか。何冊か紹介しましょう。

まずは私がかかわった本から。荻上チキさんが編者を務めた『宗教二世』（太田出版）は、荻上さんを所長とする社会調査支援機構チキラボによる宗教二世への大規模なアンケートを特色としています。とくに回答者が多かったのは創価学会、エホバの証人、旧統一教会（現世界平和統一家庭連合）の二世たちで、彼らの多様な訴えが掲載されるとともに、チキラボによる分析が行われています。日本を代表する宗教学者の島薗進さんは、後述する『みんなの宗教二世問題』で、本書は宗教学の専門書に匹敵する成果をあげたと讃えています。さまざまな識者へのインタビューも掲載されていて、私も「宗教二世の会」の活動について報告しているほか、荻上さんが「宗教二世の会」の体験レビューを書いてくれています。

私が編者を務めた本として、『みんなの宗教二世問題』（晶文社）と『信仰から解放されない子どもたち――#宗教二世に信教の自由を』（明石書店）があります。

『みんなの宗教二世問題』では、統一教会、エホバの証人、崇教眞光、プロテスタント、創価学会などの二世たちの体験談を収録していて、なかには非宗教的カルトに関する体験談も含んでいます。宗教二世問題の象徴的存在となった統一教会二世、小川さゆりさんの体験談もあります。島薗進さん、信田さよ子さん、釈徹宗さん、中田考さん、沼田和也さん、江川紹子さんという名だたる識者にも寄稿してもらうことができました。本書はまた、統一教会をめぐる社会問題の取材で名を馳せた鈴木エイトさんへのインタビューを含んでいます。私が海外の宗教二世問題に関する情報を紹介したり、宗教二世を扱った日本の創作物を見渡していく章もあります。精神科医の斎藤環さんと、宗教二世としてのトラウマを抱える当事者である私が対話した章もあります。

『信仰から解放されない子どもたち』では、前半で統一教会、オウム真理教、天理教、エホバの証人、創価学会の二世にインタビューをしていて、個々のインタビューの濃密さは『みんなの宗教二世問題』に収めたものを凌いでいます。後述する『「神様」のいる家で育ちました』を描いたマンガ家の菊池真理子さんも創価学会二世としてインタビューに答えてくれたほか、ジャケット画とおまけマンガも担当してくれました。また後半では、教育政策学者の末冨芳さん、弁護士・ソーシャルワーカーとして活躍する安井飛鳥さん、『やや日刊カルト新聞』総裁で幸福の科学について宗教二世問題も含め造詣が深い藤倉善郎さん、宗教社会学者として新宗教研究に取り組んできた塚田穂高さんの四人を相手として、私が対談しています。

私がかかわったこれらの本から、みなさんはきっと宗教二世問題に関する多くの知識を手に入れることができるでしょう。それがみなさんの勇気ある抵抗に力を与えることになればと、こころから願っています。私がかかわっている本としては、ほかに塚田穂高さん、藤倉善郎さん、鈴木エイトさんの三人を編者とした宗教二世論集が企画中で（二〇二三年四月現在）、私は「宗教二世の会」の活動について寄稿しました。

私がかかわっていない本のなかで最初に読むことをおすすめしたいのは、菊池真理子さんの『「神様」のいる家で育ちました―宗教二世な私たち』（文藝春秋）です。マンガ形式で宗教二世たちにインタビューを試みたもので、エホバの証人、崇教眞光、プロテスタント、幸福の科学、真如苑、創価学会の二世が登場します。菊池さんは早くから「宗教二世の会」に似た自助グループを主宰されていて、それだけにこの問題への理解が非常に深い人です。この作品は当初、集英社のウェブサイトで連載されていたのですが、幸福の科学の圧力によって連載終了に追いこまれたあと、文藝春秋が単行本化したものです。

ほかには、冠木結心さんの『カルトの花嫁―宗教二世 洗脳から抜け出すまでの二〇年』（合同出版）と小川さゆりさんの『小川さゆり、宗教二世』（小学館）も推薦します。

私がかかわった本でも、ほかに名前を挙げた本でも、この文章を読んでくれている宗教二世のみなさんと似たような体験、みなさんが成長後に直面するかもしれない体験に出会うことができると思います。学校の図書室や公共図書館で探してみてもいいし、見つからなければ、購入希望を出してみてください。そして、ずっと持っておきたいと思ったら、ぜひ購入してくれませんか。家族に見られるとまずい場合は、それぞれの本の電子書籍版を利用するという手段もあります。

宗教二世の体験について語るということ

私はエホバの証人二世として、子ども時代を過ごしました。この教団（正式には「ものみの塔」といいます）では、ムチと呼ばれるガスホースやベルトなどを使って肉体的な苦痛を与え、教義を洗脳する残忍な手法が推奨されていました。世間的な祝いごとや一部の学校行事に参加することを禁止し、最終戦争のハルマゲドンによる世界の滅亡が迫っているから、学校での勉強やキャリア形成よりも、教義に基づいた制限の多い日常生活を送り、可能な限りの時間を布教活動に捧げなさいと教え、何十年にもわたって多くの人々の人生を狂わせてきたカルト宗教です。

幼少期に長期的な虐待を受けると、複雑性PTSDや発達性トラウマ障害と呼ばれる精神疾患を発症し、大人になっても子どもの頃の記憶に苦しめられ、非常に苦しかった場面が何度も自動的にこころに蘇ってくるフラッシュバックを体験するようになります。宗教そのものを悪と見なすのは極論でしょうが、欧米では宗教被害に基づくこころの苦しみを「宗教的トラウマ症候群」と呼ぶ動きも広まっています。大人になった人が宗教二世問題について語ると「昔のことでしつこい」と非難されることもありますが（これを「被害者非難」と呼びます）、「過去に苦しかったのではなくて、いま苦しいのだ」ということを理解してくれる人が増えてほしいと思います。

私は長年、この苦しみを他人に打ちあけられませんでした。日本社会には、熱心な宗教活動に対する忌避感が広まっていますから、自分自身がエホバの証人二世だったと明らかにすることで、偏見の目で見られることを恐れていたのです。しかし私が「宗教二世の会」を開くようになると、集まってくる仲間たちの声が、私の苦しみを一気にやわらげてくれました。自助グループがこんなに感動的なものだとは知らなかったと驚き、その活動に夢中になりました。

集まってくれる人の年齢層は、若者から高齢者までさまざまです。若い人としては、大学生や高校生もいます。ミーティングを進めるなかで、はじめは悲しそうだった彼らの声色が明るくなるのを聞くたびに、こういう活動をやっていてよかったと思います。そして、ほかにも若い人たちが、いま苦しんでいる宗教二世がもっと参加してくれるといいな、高校生よりももっと年少の子どもたちも参加してくれるといいなと思うのです。

自分の人生を取りもどす

二〇二二年七月八日に安倍晋三銃撃事件が起こり、山上徹也容疑者が統一教会二世だったことから、宗教二世問題は大きく取りあげられるようになりました。私が「宗教二世の会」を始めてから、二年少しが経った頃にあたります。統一教会と自民党政治の関係を追ってきた鈴木エイトさんや、宗教二世の象徴として小川さゆりさんが政治とマスメディアを巻きこんだ活動を展開し、私もたびたびテレビ、新聞、ラジオ、雑誌、インターネットメディアなどで発信するようになりました。二〇二二年末には、厚生労働省から「宗教の信仰等に関係する児童虐待等への対応に関するQ&A」が通達され、今後は児童相談所などが、宗教二世問題に関する相談に積極的に乗るようにとの指針が示されました。

宗教二世のための支援団体もさまざまに結成されています。私が「宗教二世の会」を始めるのと同時期に立ちあがった「宗教二世ホットライン」や、宗教二世という語が浸透する過程で結成された「宗教二世問題ネットワーク」「宗教二世支援センター陽だまり」「宗教二世支援団体スノードロップ」などがあります。調べてみて、信用できそうだと感じた団体に、相談してみてください。複数の団体に相談すると、より安全だと思います。さまざまな宗教被害に対応するための弁護団も増えつつありますから、そちらに相談する手もあります。

あなたはひとりではありません。仲間とつながることによって、自分の人生を取りもどしていきましょう。

（よこみち・まこと／文学・当事者研究）

10

学校とも家とも違う居場所がほしい

――フリースクールってどんな場所？

前北海　NPO法人フリースクール全国ネットワーク

一人ひとりが違っている

この本を手に取ってくれてありがとう！　そしてはじめまして。私は、ＮＰＯ法人フリースクール全国ネットワーク（フリネット）の事務局長をしている前北海《うみ》と言います。

私は元不登校児で、中学一年生の秋くらいから中学卒業まで学校には通わずに過ごしていました。不登校をしている時、近所にフリースクールがなくて通わなかったのですが、当時の私でも安心して通えるようなフリースクールを増やしていきたいという思いで、現在はフリースクールを応援する仕事をしています。フリネットは全国のフリースクール約八〇団体が加盟しているネットワークです。全国にはフリースクールが五〇〇ヵ所ほどあるといわれていて、年々その数は増えているんですよ。

私は、子どもの育ち・学びには、いろいろな選択肢があるといいなあと考えています。なぜならば、そもそも子どもは多様だからです。「子どもの多様性はあっていい」ではなくて、多様なのです。

たとえば、君と君以外のだれかは全然違う人でしょ？「トマトが好き」「焼き肉が好き」「絵を描くのが好き」「体を動かすのが好き」などなど……。好き／嫌いもそれぞれが違う。人それぞれにいろいろな感覚をもっています。そして、私たちの体の設計図であるＤＮＡを調べると、一人ずつ違いがあるわけです。その点からも、人は一人ひとりが違っていて当たり前だとわかります。そして、そのお互いの違いを認めることが多様性の一歩目だと、そう思っています。

個々に見れば、学校はよい場所かもしれません。多くの子どもたちが学校に通い、そこで育ち、学んでいることを否定するということはしません。しかし、「どこで」「だれに」「なにを」学ぶかを選べないのは、それだけで苦しい状態なのです。今の学校がダメで、フリースクールのほうがいいと言っているわけではなくて、子どもたちが多様であるならば、「学校しかない」

というのは問題があると言えるのです。

フリースクールという場

さて、そんな学校外の居場所の一つであるフリースクールがどんなところかというと、「こういう場所です！」と一言では言えません。すみません。少し長くなりますが、お話ししていきたいと思います。

フリースクールは、普通の学校と違って、地域の特性やそこにかかわるスタッフの個性によって、プログラムが異なります。フリースクールごとにプログラムの揺れや違いがあることがフリースクールのよさであり、面白いところでもあります。たとえば、山にあるフリースクールは自然体験が多くなるでしょうし、街にあるフリースクールは博物館やアミューズメントパークなどの施設を使うことがあるでしょう。どこにあるかによって活動内容が違います。実際に見学や体験をする前に、ホームページやSNSを見てどんなところか調べて、自分に合いそうな場所かどうかを確認することをオススメします。

とはいってもイメージがわかないと思うので、すべて同じではないのですが、一般的なフリースクールの様子を少し書いておきます。

だいたい週三〜五日開室し、一日あたり五〜八時間の活動をしているところが多いです。学校と開室日数が変わらず、年間を通して継続的に通うことができるのが特徴です。プログラムは、国語や算数のような教科の学習だけではなく、体験活動や自然体験、課外活動などを取り入れています。また、不登校の相談や進路の相談も受けてくれます。不登校からの進路を数多く見てきているので、いろいろな情報がフリースクールにはあります。

どんな子たちがいるの？ということが気になると思いますが、本当にいろいろな子たちが集まります。そしてフリースクールの中では、異年齢で活動をしていることが多いです。クラス分けがあるところでも、小学生グループ、中学生以上グループというような大きな年齢の枠で活動をしています。その中で、年長者の子たちは自然と小さい子たちのいいお姉さん・お兄さんとして、見本になったり、面倒を見たりもします。同じ年齢という縛りがないので、自分が付き合いたい人と付き合うことができます。一年くらい一緒に遊んでいた友だちが、年上だったもしくは年下だったと知って驚いている場面もよくあります。おかしいですね（笑）。基本的に、先輩・後輩という堅苦しい上下関係はありません。

遊びから学び、学びを遊ぶ

フリースクールの活動を見ると、遊んでいるだけに見えるかもしれませんね。でも、遊びはフリースクールの大事な活動なのです。フリースクールでは「学び」をとても広くとらえています。遊びと学びの境界線は、実はとても曖昧で、遊びから学び、学びを遊びます。ちょっとわかりづらいですね。実際にあった話を紹介します。

とある小学生の女の子が、フリースクールから帰ってきて、「お母さん！今日すごく楽しい遊びをしたの！マスマティックっていうの！」と報告したそうです。マスマティックは数学のことですね。その子は、数学が楽しい遊びだと感じたそうです。これはオーストラリアのフリースクールでのお話ですが、同じようなことが、日本のフリースクールでも日々起きています。

もっとわかりやすい例で言うと、海外のパソコンゲームを遊ぶために一生懸命英語の辞書を引くとか、言葉遊びゲームで何時間も盛り上がるというのはよくあります。教科書を使っての勉強ではないかもしれませんが、遊びを通じて多くのことを学び取っています。

とはいっても、勉強に関しても気になると思います。フリースクールにはクラス分けがなく、それぞれの学習の進み具合がバラバラだったり、学習に対する目標も違ったりするので、個別

デモクラティックスクールASOVIVA!

に対応しています。不登校の人は、こころの傷をもっていたり、疲れ切っちゃっていたりすることが多いです。そういった時は、勉強は手に付かない状態ですよね。コツコツやるのも大事ですが、思い切って勉強から離れて、こころの回復を目指すということも考えてはどうでしょうか。

これまでいろんな子どもたちを見てきましたが、元気を取り戻したり、目標ができたり、モチベーションが高くなったりした時は勉強の吸収力が高いので、休んで遅れてしまっていても、必要な学力は短期間で身につけていました。勉強したいと思ったタイミングで、スタッフがサポートしながら一人ひとりに合ったやり方で進めていきます。

実際にあったケースを紹介します。その子は小学校から不登校になってフリースクールに通い、教科書を使う勉強は手に付かなかったのですが、高校生になった時に高等学校卒業程度認定試験を受け、大学へ進学しました。もちろん試験のために勉強はしたのですが、「あっ！これ知ってる」「これゲームで出てきた！」「これは本で読んだ！」といった感じで、一から学び直すことはありませんでした。教科書だけではなく、体験や経験から学んでいるわけですね。

校則は？いじめは？どんな大人がいるの？

校則ってあるの？と言われれば、あるところもありますが、いわゆる学校の校則ではなく、大人が頭ごなしに作ったルールとは違うところが多いです。

あるフリースクールでは、「自分のことは自分で決める、みんなのことはみんなで決める」という考え方で、子どもとスタッフが一緒にルールを決めています。とくに「みんなのこと」に関しての決め事はミーティングで話し合っていきます。ミーティングで一度決まったことも、何か不具合が生じた時にはまた決め直したりすることもあります。

ミーティングでは、やりたいこと、みんなに伝えたいこと、スペースに関することで困っていることなど、みんなが集まっている時に、みんなに見える形で話し合っていきます。意見の出し方もいろいろで、みんなの前で言いにくい場合などはスタッフが代わりに言ったり、紙に書いてもらったり、意見を反映させるように工夫をしています。

フリースクールは自由で大丈夫なの？　と心配されることもありますが、実に見事に秩序が保たれています。大人が一方的に押し付けるルールではなく、本人たちが話し合って作るルールなので、自然と守ることができているようです。子どもが意味を感じられないルールはストレスになっていきますが、自分たちで納得して作るルールなので、守るストレスもあまりないからですね。あるフリースクールでは、ルールという言葉だけで学校を思い出してしまうという子がいました。そこでみんなで話し合い、ルールという言葉をやめて「フリースクールの使い方」としたそうです。子どもとスタッフが一緒にフリースクールを作っているというわけです。

いじめってあるの？　というのも気になると思います。フリースクールの中ではいじめはほとんどないと思います。私は、フリースクールのスタッフも長く務めていましたが、学校でみられるようないじめの光景にはまだ一度も出会ったことがありません。

一口にフリースクールといってもいろいろですが、まず通い方、過ごし方が自由で、子どもの意見や気持ちが尊重され、やりたいことが応援されるようなフリースクールでは、子どものストレス度がかなり低いです。そして雰囲気はあたたかく受容的です。スタッフと子どもが上下関係ではなく、横並びの関係なので、相談などもしやすいと、子どもたちから聞きます。子ども同士の関係も、ムリに全員と仲良くする必要がないため風通しがいいこと、また少人数のフリースクールも多く、大人の目がしっかり行き届いていることも、いじめが少ない要因と考えています。

そして、いじめを受けたり、見たりして傷ついた後にフリースクールに通う子どもも多いので、「そんなことはしたくないし、見たくもない」「安心できる場所にいじめを持ち込みたくない」というような、それぞれの子どもたちの意思を感じました。

フリースクールにいる大人ってどんな人？　という疑問もあると思います。基本的には子どもと対等です。フリースクールではかかわる大人のことを「スタッフ」と呼ぶことが多いです。そして、学校の先生とスタッフでは立っている位置がまったく異なります。

たとえば日常の会話でも、先生だったら「掃除をしなさい」のところ、スタッフの場合は「協力してくれる？」というような声掛けになります。そういった目線の違いが出てきます。

フリースクールのスタッフの免許はありませんが、調査によると六〜七割が教員免許や心理職などの資格をもっています。フリネットではフリースクールスタッフ養成講座なども行っています。しかし、それよりも大事なことは、不登校の子どもに寄り添いたい、多様な学びを実践したいなどの気持ちです。あなたの気持ちを受けとめてくれる人が働いていることでしょう。

あなたはひとりじゃない

今これを読んでいるあなたは、もしかすると学校が合わない、人間関係がつらいという気持ちを抱えているのかもしれません。そうだとしたら、我慢して耐えることに自分のチカラを使うのではなく、自分に合う居場所を探すほうに使ってみてください。フリースクールは子ども中心の場所だということがわかったと思います。

最後に、居場所は「場所」のことではなく、「人と人とのつながり」のことです。地域にフリースクールがない場合は、オンラインのフリースクールという手もあります。自分の居場所は探せば必ずありますので、根気強く探してみてください。場所も仲間も絶対に見つかります。自分はひとりだとあきらめないでください。

（まえきた・うみ）

11

生まれてこなければよかったと思っているあなたへ

――セクシュアルマイノリティの子どもへの〝手紙〟

新田慎一郎　国立精神・神経医療研究センター精神保健研究所

悲しむことのできない悲しみ

病院における医師の仕事の一つに〝診断する〟というものがあります。その際、精神科の場合には診断の手引きとなるものが二つあります。一つは精神科領域を専門とする米国精神医学会（APA：American Psychiatric Association）が発行しているDSM（精神疾患の診断・統計マニュアル、Diagnostic and Statistical Manual of Mental Disorders）と呼ばれるものです。もう一つはWHO（世界保健機関、World Health Organization）によって作成される国際的に統一された病気の分類である

ＩＣＤ（国際疾病分類、International Statistical Classification of Diseases and Related Health Problems）です。診断の指標である二つの大きな診断基準のうち、一九八七年に、ＤＳＭにおいて精神科の病気の診断名から「同性愛」が削除されました。また、一九九〇年には、ＩＣＤの中から「同性愛」の項目が削除されました。一九九二年には同じくＩＣＤにおいて、〝同性愛はいかなる意味においても治療の対象とならない〟という見解が発表されました。これにより、同性愛は病気として取り扱わないということがはっきりと示されたのです（脱精神病理化）。

トランスジェンダーにも同様の流れがあります。二〇一三年にＤＳＭにおいて、「性同一性障害（gender identity disorder）」は、より障害の意味合いが取り除かれた「性別違和（gender dysphoria）」という名称へ変更されました。二〇一九年にはＩＣＤにおいて、性同一性障害を精神疾患の分類から除外したうえで、「性別不合（gender incongruence）」という名称に変更しました。このように、トランスジェンダーもＬＧＢ（レズビアン、ゲイ、バイセクシュアル）と同様に精神科で取り扱う病気ではないということが明確に示されています[1]。

米国心理学会（ＡＰＡ：American Psychological Association）におけるセクシュアルマイノリティの人とのかかわりについてのガイドラインの中では、セクシュアルマイノリティの性的指向は人間の性における正常なバリエーションであり、転向療法（Conversion Therapy）など性的指向を変えようとする試み（ＳＯＣＥ：Sexual Orientation Change Efforts）は科学的な根拠がないばかりでなく、むしろ偏見を強め、本人にとって非常に有害であるということが説明されています。[2]

ここで健康の成り立ちについて考えたいと思います。人びとの「健康」は、遺伝子や生活習慣などの要因だけで決まるわけではありません。生まれた家庭や住む場所、国籍、所得や雇用形態、教育歴、人間関係といった社会的な背景や環境が個人の健康に影響を与えることがわかっており、このような社会的要因は「健康の社会的決定要因（ＳＤＨまたはＳＤＯＨ：Social Determinants of Health）」と呼ばれています。社会的決定要因は健康格差の原因であり、このような格差は個人の努力で容易に変えられるものではないため、健康格差の縮小は社会として取り組むべき課題であると考えられています。[3]

アメリカ合衆国保健福祉省（United States Department of Health and Human Services、日本の旧厚生省に相当）ではHealthy Peopleというプロジェクト名のもと、一〇年単位の目標を設定し、健康における公平性を達成し、格差をなくし、人びとの健康を向上させることを目標とし、ＳＤＨの課題に取り組んでいます。そこではＬＧＢＴの人びとに関する健康格差について次のように示されています[4]（ここではその一部を取り上げます）。

・ＬＧＢＴの若者は、自殺を図る可能性が高い。
・ＬＧＢＴの若者は、ホームレスになる可能性が高い。
・レズビアンの女性はがんの予防サービスを受ける割合が低い。
・ゲイ男性、とくに白人でないゲイ男性は性感染症のリスクが高い。
・トランスジェンダーの人は、性感染症のリスクが高く、暴力の被害に遭いやすく、メンタルヘルスの問題を抱えやすく、自殺のリスクが高く、健康保険への加入率が低い。
・ＬＧＢＴの人びとは喫煙率や飲酒率、その他の薬物使用率が高い。

医療者はいつも河川の下流域にいて、流されてくる人を待つばかりではいけないのかもしれません。川の流れを知るからこそ、それを遡り、少しでも溺れる人を減らすことができるように、上流に潜む課題に取り組むことができるのだと思います。社会的決定要因のために病気のリスクが高くなっている人、病気のコントロールが難しくなっている人、自分らしい生活を追求する自由を奪われている人、そのような人びとの健康と権利のための取り組みが今必要とされています。

次の場面を想像してみてください。車椅子を使う人にとって、階段を一人で登ることはできません。しかし、そこにエレベーターが存在すれば上の階へ行くことができます。何かが〝できない〟ということ（障害）は、一見、その人に原因があるように思えるかもしれません。しかし、このようにエレベーターを例にとって考えてみると、〝できない〟（障害のある状況）は、工夫次第で〝できる〟（障害のない状況）に変えることができます。この場合、社会が想像力を働かせ、〝できない〟場面を予測し、そのための準備をすること（ここではエレベーターを設置すること）ができたか・できなかったかということが、その人に障害を生じさせるか・させないかの境目となります。[5]

このように物理的な構造や仕組みだけにとどまらず、この社会に存在する法律や制度も、人びとの自由や健康や幸せを左右してしまうことがあります。たとえば、米国の研究では、同性婚を実現した州と、同性婚を認めていない州とで高校生の自殺企図率（自殺しようとした割合）を比較したところ、同性婚を導入した州では自殺企図率が減少し、その減少率は性的マイノリティの生徒においてとくに顕著であったという結果が報告されています。[6] 逆に、同性婚が禁止された州では気分障害、不安障害、アルコール使用障害などの割合が増加したのです。[7]

日本は世界の中でどのような位置にいるのでしょうか。ＩＬＧＡ（International Lesbian, Gay, Bisexual, Trans and Intersex Association）によって作成された世界各国の性的指向に関する法制度の状況を説明した世界地図があります。[8] 世界には性的指向による差別を法的に禁止する国もありますが、その一方で、差別的で恣意的な（論理的な必然性を伴わない）法の運用により、人権が著しく制限されたり、場合によっては処罰の対象とされたりする国もあります。日本では二〇二三年現在、同性間の関係を取り締まる法律はありませんが、同性間の婚姻を認める法律や包括的に差別を禁止する法律もありません。

　これまでは個人の健康と制度的な課題は互いに独立した問題と考えられていたかもしれません。しかし、差別的な法律や制度の運用により、人びとの健康に悪影響が及んでいることが明らかとなっており、関心が高まっています。このような現象を構造的なスティグマという考え方でとらえることができます。スティグマとはその人の特定の属性に貼られるネガティブなレッテルであり、それにより引き起こされるさまざまな現象です。ラベリングされること、ステレオタイプ化されること、疎外される・孤立させられること、地位を失うこと、差別されることなどが同時に起こります。[9]

　もしかすると、セクシュアルマイノリティであることを恥ずかしいと感じたり、不名誉だと感じたり、一生秘密にして誰にも話したくないと思っている人もいるかもしれません。しかし、そのような考え方はその人独自のものというわけでもないのです。わたしたちの身の回りにいる人の言葉や態度、メディアから発信されてわたしたちが受け取った情報、さらにはこの社会の仕組みや制度によって形作られる価値観からもたらされている部分もあります。社会の価値観をまるで空気を吸い込むかのように無意識に自分の中に取り込んでしまい、自分自身に対してネガティブなイメージを抱いてしまった場合、それをセルフスティグマと呼びます。セルフスティグマを抱えることで、自分のことを否定してしまったり、嫌悪感を抱いてしまったり、たとえ困った状況に追い詰められていたとしても誰かに助けを求めにくくなることがあります。

もう一つの物語

わたしたちの社会が共有する、わたしたちにとって当たり前だと思われている考え方があります。たとえば、「男女の恋愛がもっとも素晴らしい愛の形である」「結婚すれば幸せになることができる」「結婚し、子どもをもち、親を安心させることこそが親孝行だ」などなど。あたかもそれが真実の物語であるかのように、わたしたちの前に立ちはだかり、わたしたちの現実世界を強力に支配することがあります。これをドミナントストーリーと呼びます。[10]

このような物語の筋書きが自分にとってしっくりくると感じる人もいるかもしれません。一方で、自分の思い描く物語とはどこかかけ離れていると違和感をもつ人がいてもおかしくありません。たった一つのシナリオに沿ってみんなが幸せになろうとすれば、きっと多くの人がその〝幸せ〟から脱落してしまうでしょうし、そうなれば、そのようなシナリオはそもそも現実的といえないかもしれません。私たちはそれぞれがそれぞれに、異なる筋書きの中を生きています。誰一人として、自分ではない誰かが勝手に作り上げた物語の中だけを生きる必要はありません。

わたしたちは、わたしたちを支配し、いつも頭を悩ませるこの物語の筋書きを書き換えていくことができるのではないでしょうか。過去によってのみ未来が決まるわけではありません。あなたの中にあるもう一つの声、もう一つの考え方を掘り起こし、物語を語りなおすことで、その筋書きを、その解釈を変えていくことができるかもしれません。一人では難しいと感じることでも、誰かと一緒であればできることもあります。開かれた対話の中に生まれる、もう一つの物語の可能性を一緒に探してみませんか。

あなたの話を聞かせてください。

最後に、これまでに同性婚が認められた国とその日付を記します。[11]
あなたがこの世に生まれてきたその日と同じように、あなたが生きている今日を祝福できるような社会へと変わっていくことを願っています。

オランダ　二〇〇一年四月一日
ベルギー　二〇〇三年六月一日
スペイン　二〇〇五年七月三日
カナダ　二〇〇五年七月二〇日
南アフリカ　二〇〇六年一一月三〇日
ノルウェー　二〇〇九年一月一日
スウェーデン　二〇〇九年五月一日
ポルトガル　二〇一〇年六月五日
アイスランド　二〇一〇年六月二七日
アルゼンチン　二〇一〇年七月二二日
デンマーク　二〇一二年六月一五日

ブラジル　二〇一三年五月一六日
フランス　二〇一三年五月一八日
ウルグアイ　二〇一三年八月五日
ニュージーランド　二〇一三年八月一九日
英国　二〇一四年三月二九日
ルクセンブルク　二〇一五年一月一日
メキシコ　二〇一五年六月二二日
米国　二〇一五年六月二六日
アイルランド　二〇一五年一一月一六日
コロンビア　二〇一六年四月二八日
フィンランド　二〇一七年三月一日
マルタ　二〇一七年九月一日
ドイツ　二〇一七年一〇月一日
オーストラリア　二〇一七年一二月九日
オーストリア　二〇一九年一月一日

台湾　二〇一九年五月二四日
エクアドル　二〇一九年六月一二日
コスタリカ　二〇二〇年五月二六日
チリ　二〇二二年三月一〇日
スイス　二〇二二年七月一日
スロヴェニア　二〇二二年七月八日
キューバ　二〇二二年九月二七日
アンドラ　二〇二三年二月一七日
……

（しんでん・しんいちろう／精神医学）

12

親が病気なのは自分のせい？

プルスアルハ　ＮＰＯ法人ぷるすあるは

このメッセージは、親が精神疾患《せいしんしっかん》をかかえている一〇代のあなたへ向けて書きました。

精神疾患には、うつ病や統合失調症《とうごうしっちょうしょう》のほか、いろんな病気があります。「こころの病気」と呼ばれることもあります。病名はわからない、病院には行っていないけれど、精神的に不安定だったり、メンタル面が気になる、と感じている人にも、読んでもらえたらと思います。

「どんな気持ちもあって大丈夫」「親の不調はあなたのせいではないよ」

一番最初に伝えたいメッセージです。

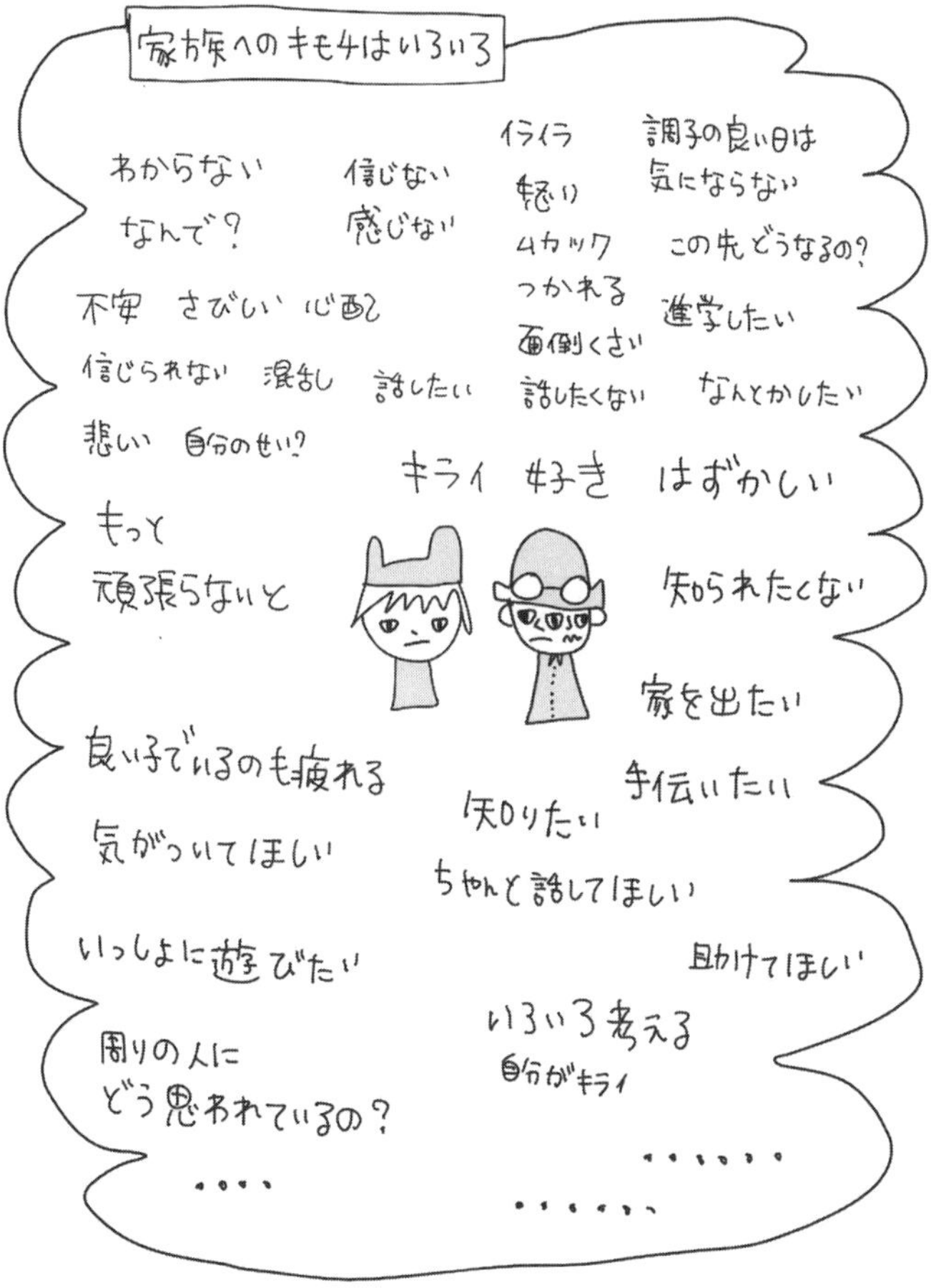
家族へのキモチはいろいろ
わからない
なんで？
信じない
感じない
イライラ
怒り
ムカツク
つかれる
面倒くさい
調子の良い日は
気にならない
この先どうなるの？
進学したい
不安
さびしい
心配
信じられない
混乱
話したい
話したくない
なんとかしたい
悲しい
自分のせい？
キライ
好き
はずかしい
もっと
頑張らないと
知られたくない
家を出たい
良い子でいるのも疲れる
手伝いたい
知りたい
気がついてほしい
ちゃんと話してほしい
いっしょに遊びたい
助けてほしい
いろいろ考える
自分がキライ
周りの人に
どう思われているの？

私たちは「プルスアルハ」という名前のユニットで、二〇一二年から絵本を作ったり、ウェブサイトやSNSで情報発信をしています。絵本のお話やイラストを描いているチアキ（私）は精神科で長年働いた経験がある看護師です。勤務していた診療所では、親が精神疾患をかかえている子どもたちとたくさん出会いました。

精神疾患で病院にかかっている人は、二〇一七年の国の調査でおよそ四一九万人（厚生労働省、患者調査）。病院にかかっていない人もいるので、精神的な不調をかかえている人は本当にたくさんいます。そのなかで一〇代の子どもがいる人は、正確な数はわかりませんが、少なくないはずです。学校や近所、身近なところでは出会う機会があまりないかもしれないけれど、同じような事情を抱えている一〇代の人は日本中に、世界中にたくさんいます。

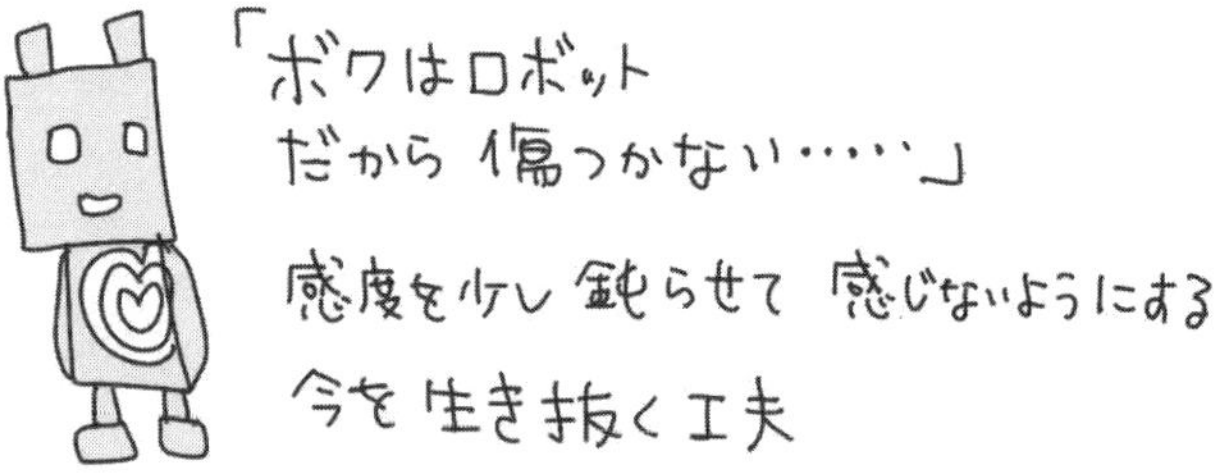

診療所で出会った子どもたちとは、いろんな話をしました。たとえば……

・毎日の生活のこと、ごはん、お金のこと。
・親の病気、親のケア、入院、薬の管理、病気の原因？見通し？治るの？
・暮らす場所のこと、ほかの家族のこと、きょうだいの世話、家族関係、暴力。
・勉強、進路、友人関係、恋愛……。

自分も気になっている、ということはありますか。親が病気だったり精神的に不調、という共通点があっても、同じような悩みや気持ちをかかえている部分があったり、一人ひとり事情や気持ちや知りたいことがちがう部分があったりします。

自分の気持ち、したいこと、こうしてほしいこと……どれもそのまま、とても大切なものです。わからない、わからなくなる、ということもよくあって、それもそのままＯＫです。

「親が不調になると、自分の対応がいけなかったのでは……」と考えてしまうあなたへ。

あなたのせいではないよ。

どんな対応をしていても、調子が悪くなったり、調子に波があることはあります。

　親の病気や不調は、子どものせいではないです。子どもが責任を負うことではないです。

　いつも調子や機嫌をうかがって生活している……と考えると気がめいるので、じぶんちを知る「観察」「探検」にでかけると考えてみるのもいいです。ほかの家となにかちがうと思ったときも。親が元気なときやピンチのときを観察します。大ピンチのときは、まずその場からはなれます。こわい、ドキドキ、は自分を守るアンテナ。自分のアンテナを信じます。

　どうしても責任みたいなものを感じてしまう、心配が頭からはなれない……というときは、自分ひとりだけだと、がんじがらめになりやすいので、応援団が必要なサインです。

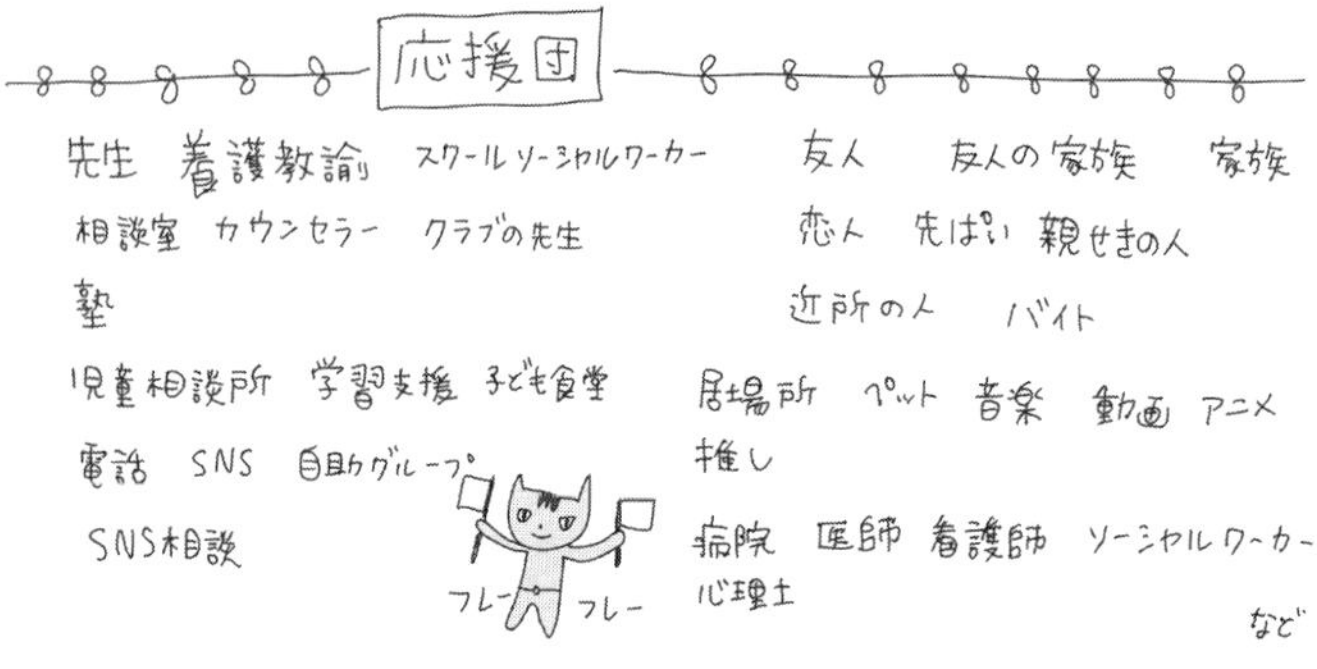

「大人のことはきらい。きらいなことを置いておいても、誰かに相談するなんて考えたこともない……」というあなたへ。

実はこれは、子どもの頃の私のことです。私も、親が精神的に不安定で、ごちゃごちゃした家で育ちました。毎日がピンチの連続だったけど、だれかに相談する発想はなかったし、家のことを話したらもっと悪いことが起きるような気もしていました。私は大人になるまで（なっても）誰にも相談しなかったけれど、「大人のことはきらいでも信用しなくてもいいので、大ピンチのときには、大人の力を使ってください」と今は伝えたいです。

自分で頑張るという選択もいいです。そんなときにも、自分でできる自分のケアをつづけます。好きなマンガや本や音楽……なにかに夢中になったり、自分の世界にひたるのもいいし、ちょっとほっとできる場所や時間、人や物や動物を見つけるのもいい。書いたり投稿したりして吐き出すのもいい。よく頑張っている自分に花マルをあげてください。

「家を出たい」というあなたへ。

家を出たい、どうしよう、出られないかな、出たいｅｔｃ……。

もやもやする気持ちがあったら、進学や就職など、家を出るチャンスがあったら、思いきって出るのもいいと思います。

とはいっても、それぞれに事情もちがうし、そんなに簡単にいかない、ということもあるかもしれません。気持ちが何度も揺れたりわからなくなったりします。なので、一緒に考えてくれたり、伴走してくれる人がいると心強いです。それは身近な大人の人でも、相談機関の人でも、同じ立場の人たちの集まり（ちょっと先パイ）でも、だれかいると心強いです。

家を出たいという希望をきいたら、私は……

・その気持ちを応援します。
・壁になっているものがなにかを一緒に考えます。

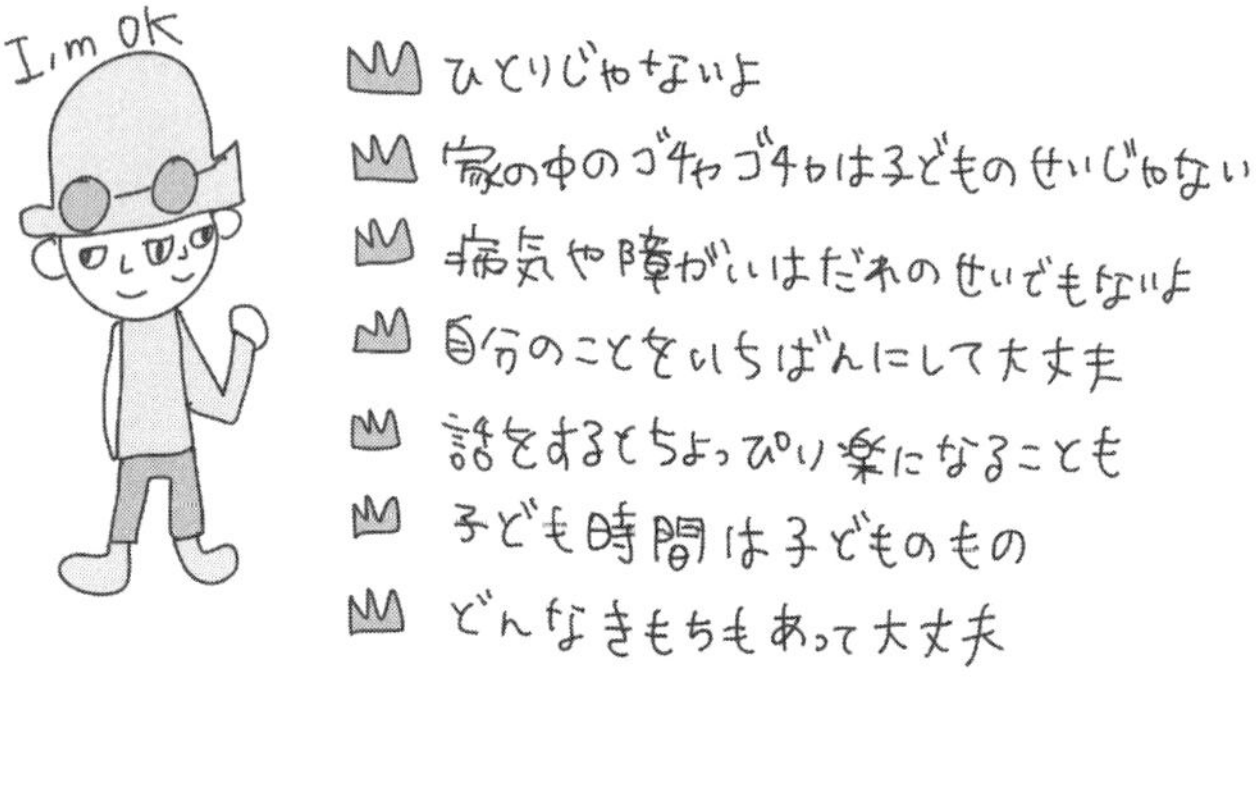

・親や家族が壁になっているときは、家族の様子を観察しながら、あなたの気持ちやペースを尊重して、エネルギーがたまってくるのを待ちながら、あなたが自分の人生を歩いていけるように応援します。ときには背中を押します。ときには、親のことを放っておいたり、親が変わることをあきらめる気持ちを応援します。

・自分の人生か、家族かの二択《にたく》ではなくて、その間のいろんな選択肢についても一緒に考えます。

・お金をためる作戦を考えたり、使えるサービスや制度を探したり、申請《しんせい》の手伝いをしたりします。

・親や家族に感じるどんな気持ちもＯＫと伝えます。

親は親、子どもは子ども。
自分の人生は自分のもの。

最後まで読んでくれてありがとうございます。

ヒントが見つかるかもしれない情報

・ウェブサイト「子ども情報ステーション」（https://kidsinfost.net/）：プルスアルハが運営しているウェブサイトです。精神疾患にかんする情報、自分でできる生活の工夫、本や絵本、相談先情報などがのっています。

・アプリ「おたすけことてん」：無料でダウンロードできるアプリ（iOS/Android）です。相談先や自分自身のケア、生活上の工夫など九九個の知恵がのっています。プルスアルハが内容を作りました。

・親が精神疾患をかかえている子どもの集い：親が精神疾患をかかえている人たちが、リアルやオンラインで定期的に集まる場です。同じ立場だから話せることや、わかりあえることがあったり、参考になる情報が見つかることもあります。まだ数は少ないけれど、少しずつ増えています。

・ヤングケアラー支援の情報：家族のケア（care：世話、介護《かいご》など）を行っている一八歳までの人のことをヤングケアラーと呼び、相談先や支援の仕組みなどが少しずつひろがっています。自分をヤングケアラーと思うか、支援を利用するかは自分で決めていいです。

ヤングケアラーについての厚生労働省のページ（https://www.mhlw.go.jp/stf/young-carer.html）には、相談窓口、その他相談先や情報検索サービスの紹介もあります。

（ぷるすあるは）

座談会

子どもの自殺を防ぐために、私たちにできること

坪井節子　社会福祉法人カリヨン子どもセンター
生越照幸　弁護士法人ライフパートナー法律事務所
松本俊彦　国立精神・神経医療研究センター精神保健研究所

弁護士として取り組んできたこと

松本　本日はよろしくお願いします。今回、『こころの科学』の特別企画として刊行した『「助けて」が言えない　子ども編』を書籍化するにあたって、座談会を組もうとしたときに、さらに視野を広げたいと考えました。というのは、子どものSOSに周囲がなかなか気づけないし、子どもたちもSOSの出しようがないというときに、法律家の存在によって救われる子どもたちがきっといるし、その可能性を周囲の大人や社会全体に知ってもらうことが必要ではないかと思ったのです。坪井先生、生越先生はお二人とも弁護士の立場でさまざまな事案に司法的にコミットするだけでなく、民間団体やNPOの活動を通して子どもや若者の支援をされてきています。ですので、法廷の話だけではなくて、地域で起こっていることや、保健、医療、福祉あるいは教育の関係者が見落としてしまうような問題に対する視座もおもちではないかと思います。

まずは自己紹介をかねて、お二人がこれまで、「助けて」が言えない子どもたちにかかわってきたご経験などを教えていただけるでしょうか。坪井先生、いかがですか。

坪井　ありがとうございます。まず、この本の他の章を拝見した感想を一言だけ。私はこの分野は門外漢ですが、書き手のみなさんに共通するものがあることを強く感じました。それは、「専門家が問題を解決できるわけじゃないんだ」という姿勢です。子どもたちを「助けてあげる」というスタンスではなくて、深刻な問題を抱えている子どもたちに寄り添って、彼ら・彼女らを独りぼっちにせず、解決はできなくても、そこに一緒に居続ける。大人にできるのはそういうことなんだという視点をもった方々が、それぞれの現場で考えていること、実践されていることが書かれている、そんなふうに感じながら読ませていただきました。

私自身は、社会福祉法人カリヨン子どもセンターで子どものためのシェルター（一時避難施設）を運営したり、あるいは児童相談所を通して、虐待を受けて生きるか死ぬかという状況にいる子どもたちを支援する活動をしています。

経歴を言いますと、私は弁護士になって四三年ほどです。学校のいじめ、不登校、対教師暴力といった事案を扱うことから始まり、その後、少年事件の付添人として子どもたちと出会う中で、多くの子どもたちが虐待を受けている現実を知るようになりました。一九八七年頃のことですが、当時はマニュアルも何もなく、とにかく子どもたちに会って、話を聞いて、圧倒されるところから始まったというのが正直なところです。自分の無力さを痛感するところから私自身も出発しています。

また、弁護士になって六、七年目に、子どもの人権救済センターの相談員になったのですが、そこに「子どもの人権一一〇番」という電話相談があり、いろんな相談を受けました。もちろん学校問題も多かったのですが、九〇年代半ばから虐待関係の相談が増え、「今夜泊まるところがない」という一〇代後半の子どもたちの相談も入るようになりました。そうした子どもたちを児童相談所がすぐに保護してくれるかというと、そうではないんです。一〇代後半で小さな子どもではないということもあるし、東京の一時保護所はどこもいっぱいだし、子どもたち自身もそんなところに入りたくないということで、この子たちの行く場所がない。日本では子どもに今夜泊まるところを提供できないという事実をそこで知りました。そこで、子どものためのシェルターを作れないかと仲間たちで考え、医療や児童福祉関係者などいろんな方の力を結集して、子どもシェルターという制度、仕組みを作り上げたのが二〇年ほど前になります。

一〇代後半の子どもたちを受け入れる、本当に小さなホームから始めたのですが、現在は男子用と女子用、二つのシェルターがあります。さらに、そこから家に帰らないという選択をする子どもたちが暮らしていく自立援助ホームも運営しています。

もう一つ、カリヨンハウスというものもあります。最初のうち、シェルターに来た子どもたちの抱えるあまりのつらさに対して、何をすればいいかわかりませんでした。精神科医に診てもらっても元気になるわけじゃない。どうしたら「人生は生きるに値する」と思ってもらえるだろうかと悩みました。それで、思春期の子どもと大人が一対一で遊ぶ場所として作ったのがカリヨンハウスです。子どもたちはダンスやドラム、ボクシングなど、いろんなことを言い出すんですが、そういった自分がやりたいことをして過ごす居場所です。

私自身、どうすることもできないという状態から活動を始めたわけですが、これまでに出会った子どもたちから、「それでいいんだよ」と逆に教えてもらいました。そのおかげで、「何かをしてあげる」なんておこがましい、自分にできるのは今まで独りぼっちだったこの子たちと共にいることだけなんだと思えるようになりました。そういう姿勢になったときに、子どもたちがこちらを受け入れてくれたようにも思います。

松本　どうもありがとうございます。続いて生越先生、これまでの活動についてお聞かせください。

生越　私は弁護士になって一八年で、坪井先生に比べるとまだ長くありませんが、ずっと自殺の問題にかかわってきました。自死遺族支援弁護団という弁護士の集まりを作って、現在、年間二五〇から三〇〇件ぐらいの相談を受けています。その中には当然、子どもたちの問題もあって、今日もいじめと指導死が重なったような相談を受けていたところです。

子どもが亡くなってしまっている事件ですので、ご遺族から相談を受けるわけですが、相談は大きく二つあって、一つは原因の問題です。いじめや理不尽な指導、受験勉強、人間関係の悩み、薬物への依存などが原因で子どもが追い詰められる過程がある。もう一つは手段の問題で、たとえば電車に飛び込んだ場合、鉄道会社に対応しないといけないんじゃないか、マンションから飛び降りた場合は管理組合から何か言われるんじゃないかということで、相談が来たりします。あるいは、女子が成人の男性と心中してしまうといった事案もあります。この場合は、自殺ほう助か自殺教唆になり、刑事問題に発展します。

　また、京都自死・自殺相談センターSottoというＮＰＯの理事長もやっています。お金はあまりないんですが、京都の盛り場の近くにちょっとした建物を買って、行き場所のない、とくに子どもたちがいられる空間を設けるという計画もあります。最近はメールでの相談も多いですね。

　私が坪井先生と少し違う視点をもっているとすれば、たとえば虐待など、外から見てある種わかりやすい亡くなり方もあるんですが、遺族から見て原因が何も思い当たらない場合もあるんです。おそらく進路の悩みなどはあったんでしょうけれども、普通に生活していて、遺書も何もなく電車に飛び込んでしまう。突然消えるように亡くなってしまうという子どもの事例をたくさん見てきました。両親からすると本当に悲嘆に暮れるわけですが、原因がわからない、どうしていいかわからないというところから、話を聞いていきます。スマホの履歴を調べたり、学校に話を聞いたりしても、どうにも原因がわからないケースがけっこうあるんですね。いじめや虐待や薬物などの問題で苦しんでいる子どもたちもたくさんいる一方で、いわば「普通に」死にたくなる瞬間が、今の子どもたちの中にあるのかもしれないと、日頃相談を受けていて感じます。

　もう一つ、またちょっと別の視点ですけれど、実は私が一番多く扱っているのは過労自殺などの職場の問題です。その中で学校教員の事件は本当に多いですね。子どもたちの問題に関してはすぐ「教師がもっと頑張れ」という話になりますが、学校は予算も人も経験もないという状況です。地域社会も子どもを育む力が落ちているし、親は行政に頼ろうとする中で、先生たちは必死に耐えている。そうした中で学校教員が倒れて亡くなっていくという現実があります。それは子どもが育つ環境としても根本的な問題だと感じています。

今、子どもたちに何が起こっているのか

松本　私は以前、坪井先生とは文科省の「児童生徒の自殺予防に関する調査研究協力者会議」でご一緒しましたし、生越先生とはSottoで、自殺関連の意見書を書かせていただいたこともあって、自殺の問題は三人の共通のフィールドになりますね。最近、二〇二二年の児童生徒の自殺者数の速報値（高校生三五四人、中学生一四三人、小学生一七人、計五一四人）が発表されて、また増えてしまっている状況があります。

　私のやっている薬物依存症の専門外来に連れてこられる子どもたちの中で、今、本当に多いのが、いわゆる「トー横キッズ」と呼ばれるような子どもです。市販薬のオーバードーズをして、「薬物依存症」というかたちで来るわけですが、でも薬物というより、「トー横依存」みたいな感じなんです。つまり、行政や警察、児童相談所が児童福祉的な介入をして自宅に帰しても、またそこに戻ってしまうんですよね。薬がやめられないというよりも、その場に吸い寄せられて、そこで仲間になるためにオーバードーズをするということが、一つの共通項のようになっているんです。

　これが大きな問題になってきたのは、コロナ禍に入ってすぐでした。多かったのは高校生年代の女子です。他方で、二〇二〇年以降、高校生女子の自殺が増えていることを考えたときに、この年代の子どもたちに今いったい何が起きているのか。お二人の日頃の活動の中で、感じておられることはあるでしょうか。

生越　たとえばこういう事件がありました。女子生徒が二名で心中してしまったんです。原因を探るためにスマホを解析すると、亡くなる前に笑いながら記念撮影をしたり、死を積極的に肯定するような言葉を残したりしていました。
　彼女たちの気持ちは、本当につらいんだろうと思います。生きること自体に耐えられない、というか。もちろん未成年で思春期ですから、誰でもそういう時期はあるわけですけれども、その中で、心中するというのがポイントだと思うんです。ある種の「仲間」を見つけてそれにすべてを委ねてしまう。松本先生がおっしゃったトー横の話も、他に選択肢がないんだと思うんです。その先に何があるかと考えることなく、ただ仲間と逃げたいというようなところに、子どもたちは追い込まれているんじゃないでしょうか。

松本　その子どもたちは、たとえばいじめや虐待を受けているわけでは必ずしもない。

生越　問題を抱えているケースもありますが、そうしたことがないケースもあります。もちろん、判明していないだけで、本当は何かあったのかもしれませんが。

松本　今のお話を伺って、私も何人かの顔が思い浮かびました。嵐のようなすさまじい暴力の被害を生き延びて、いつ死んでもおかしくない中で何とか生きてきたという子どももいる。その一方で、うんと恵まれた家庭とは言えないまでも、普通の範囲の家庭環境にいるのに、これといった理由もなく、死にたいとか楽になりたいと言っている子どももいる。その苦しみはいったい何なのか。もしかすると、あまりにも傷が深すぎて記憶の中で抑圧されているのかな……と考えることもあります。自殺病とでも言うのか……すぐにエックスデーを決めるんですよね。

生越　そうなんです。

松本　本当に冷や冷やしながら、なんやかんやでそのエックスデーは通り過ぎるんだけど、しばらくしたら別の日に再設定されていたりして。坪井先生、昨今の児童生徒の自殺の状況を見て、今どういったことが問題になっているとお感じですか？

坪井　私たちのところに来るのは、親や学校から逃げるだけの力のある子どもたちだと思うんです。だから、死にたいって口では言うけれど、基本的には生きたい子どもたちなんですね。本当に「トー横依存」になっている子どもは、シェルターには来られないと思います。シェルターは命を守るところで、そのためにスマホを預かって親や仲間に居所を知られないようにするし、自由に出入りできない。外に出るときは必ず大人と一緒です。

　そういう場所に来るのは、もちろん自傷やオーバードーズもしながら、でも逃げてきた、それこそSOSを出せた子どもですよね。「ここにいたら死んじゃう」と思って逃げてきた子たち。そういう子たちと、先ほど生越先生や松本先生がおっしゃった子たちは、どこかが違うんでしょうね……。シェルターで自殺を試みる子はたくさんいるんです。目の前で薬をバーッて飲んでみせたりとか、ドアノブに毛布をかけて首を吊ってみせるとか。逆にいうと、発見される状況でやるんです。なので、笑って死んでいくとか、死んで解放されたいというようなところまでは、至っていないんだと思います。

　ただシェルターを出た後に亡くなってしまった子はいます。それは、生きたいという希望を完全になくしてしまった子なんでしょうね……。

生越　今のお話で思ったのは、シェルターに行く子たちとトー横に行く子たち、何が違うかというと、まさに今日のテーマである「助けて」と言える環境があると気づけるかどうかなんでしょうね。話を聞いてくれる大人や環境を探したり、そこに行こうとしたりする意志が欠落していると、「死が解放なんだ」という方向に行ってしまう。何がそこを分けているのかというのは非常に重大なテーマだと思いました。

松本　坪井先生のホームはとても安全な場所なんだろうと思います。ただ一方で、そこにたどり着くにはかなりパワーが必要で、たとえばスマホを持ち込めないとなると、おそらく怖いというか、腹をくくるのは大変ですよね。

　逆に、コロナ禍でリアルな対人交流がなくなったときに、スマホやＳＮＳの情報のリアルさみたいなものが相対的に高まったじゃないですか。その中で、どうしてトー横のような場所にある種の子どもたちが集まったんだろうかと考えると、そこで初めて承認される体験をしたのかもしれない。別に死にたくて行っているわけじゃなくて、初めて自分の居場所というか、否定されない場所ができた。そうだとすると、もしかすると、そこで命がつながっているケースもあるのかもしれません。

生越　承認ということに関連して、こんな経験をしました。いじめの事案です。今のいじめは学校ではやらないんです。スマホ上で、アプリでやるんですね。どういういじめをするかというと、位置情報を交換するんです。友だちになるというのは位置情報を交換することだと。そして、たとえば五人で友だちになって、四人だけ同じ場所にいる状態を、いじめの対象になっている一人の子に見せるんです。リアルタイムで自分が仲間外れにされていることがわかるツールを、今の子どもたちはみんなもっている。その中で承認とは何かというと、アプリの仲間にまず入れてもらい、さらにそのアプリでつながっている、何か書いたらすぐ返ってくるとか、そういう話になるわけです。今の子どもたちにとっての承認の軽さのようなものを感じるところです。スマホ一つでそういうことができ、そこに依存してしまう、承認に依存することの危うさを感じます。

松本　近年のＧＩＧＡスクール構想などの流れで、いろんなＩＴ関係の機器を子どもたちに持たせようとする中で、そういうことも起きてしまうわけですね……。

子どもの自殺を防ぐには

松本　先ほど言ったように、児童生徒の自殺が高止まりして、なかなか減らない状況が続いています。その中で、現在の対策にはここが欠けているんじゃないか、もっとこういうことをしたほうがいいんじゃないかといった考えがありましたら、教えていただければと思います。

坪井　生越先生がおっしゃったように、苦しい現実から解放される方法が死ぬことしかないというところまで追い詰められている子どもたちがいるわけですね。私としては、死ぬという選択をする前に、「逃げていい」ということ、そして逃げた先に、かくまってくれる大人、話を聞いてくれる大人がいるんだということを伝えてあげたい。

　この本の他の章を読んでも感じることですが、子どもたちはみんな「『助けて』って言ったって、大人は助けてくれないじゃない」「『こうしろ、ああしろ』って自分たちにとって必要なことを言うだけで、いなくなっちゃうじゃない」と思っていて、そんな大人に助けを求めようとしないのは当然ですよね。だから、「とにかく逃げておいで。一緒に考えよう」という場を、学校の中でもいいし地域でもいいし、弁護士会の中でもお医者さんのところでもいいから作って、「逃げといで」というメッセージを出すことが大事だと思います。

　それともう一つ、個人的に思うのは、人智を超えた宗教観みたいなものも、ときに必要ではないかということです。日本だと、宗教に対して何かカルト集団みたいなイメージ、恐怖感があったりしますけど、別に特定の宗教を教えるということではなくて、宗教や哲学を教育の中で扱っていくことも大事だと思うんですね。実は私自身、哲学科出身なんです。また、キリスト教の信仰も背景にありました。そういう中で、なんで生きているのかわからないし、いつも死にたいと思いつつ、今、死なずに済んでいます。西洋では、虐待された子どもが自殺をする率は日本よりずっと低いそうです。「最後には神様があなたと一緒にいる」と言える宗教観が、その背景の一つじゃないかなと思います。

松本　坪井先生は哲学科出身の弁護士さんなんですね。たしか生越先生は工学部出身ということでしたから、すごいバラエティです（笑）。生越先生、今の自殺対策の課題について、いかがですか？

生越　今の日本社会、とくに子どもが生きている場は、子どもが「生きてるっていいな」「これなら生きていけるな」という思いをもちにくいんだと思うんです。たとえば家族の概念も非常に狭いですよね。欧米だとシングルマザーでも普通に子どもを産んで育てて、働いて社会から承認されて生きていけるのに、日本の場合、伝統的な家族観から外れると、途端に経済的にも精神的にも苦しい状態になってしまう。

選択肢の多様性が必要だと思います。どんな形でも生きていける、ちゃんと支えてくれる人がいる、その中で自分の居場所を見つけられる。実際に見つかるかどうかはまた別の問題かもしれませんが、選択肢がたくさんあることに意味がある。

子どもにとっても、たとえば学校の試験だけじゃなくて、絵を描くのが得意だとかお寿司を握るのが得意だとか、一人ひとりがもっている特性に価値が与えられるようにならないと、しんどいと思うんです。だから、多様性を認める方向の制度をたくさん作っていくことが大事だと思います。たとえば同性同士でも夫婦として法律的・社会的に承認するとか、どんな職業にもしっかり価値を認めるとか、そういった発想が自殺予防にもつながるんじゃないでしょうか。

もう一点。私は学校教員の過労自殺の事件を多く担当していますが、その中で感じるのは、今の学校の先生たちは、仕事は山ほどあるけど支援はこない、孤立無援で組織的な対応もできず、バラバラになっているけど最前線で粘って戦い続けているような状況です。

自殺対策推進法に基づくガイドラインや指針は、どこの自治体でも学校でも、割ときちんと決められています。そこに書かれているような、子どもの話をきちんと聞いて、原因がなくなるまで見守り、三ヵ月後にまた話を聞く、といったことを実際にやっていたら、いじめで自殺する子なんていないはずなんです。だけど実際には、現場にそんな余裕がない。子どもが亡くなると重大事態なので、第三者委員会が作られて報告書が出ますけど、その報告書を見ると、大概、「いじめと思わなかった」と書かれています。いじめと認識してしまうと所定の手続きに乗せなければいけないので、「じゃれ合っている」「軽度だと思っていた」といったかたちで、その手続きに乗せない状態が続く。最終的にはそれが重大ないじめにつながって、子どもたちが追い詰められて亡くなってしまう。

それは先生たちが日常的にあっぷあっぷの状態で、「このうえいじめの話なんて来たらとても現場が回らないよ」と思っているからではないかと思うんです。だから、自殺対策の面でも、先生の待遇をもっとよくしたり、人員を増やし、一クラスあたりの子どもの人数を減らして、トレーニングの期間も設けて、そのうえで子どもたちに接するというような方向に進んでいってほしいです。

多分野が協働するために

松本　子どもたちの支援をするときには、さまざまなセクション、たとえば医療、保健行政、福祉、学校、司法などが連携することが大事になりますよね。坪井先生に伺いますが、この連携に当たって、法律家の視点から見て、医療にはこうあってほしい、教育にはこうあってほしいなど、思われることはありますか。

坪井　私たちも初めから上手に連携ができていたわ

けじゃないんです。今でもそうかもしれませんけど、とくに二〇～三〇年前は、弁護士って、自分にはとても力があると思っている集団だった気がするんですね。「弁護士はすべて解決できるんだ」みたいな。そうすると、他の分野の方たちと一緒に活動するにしても、自分がトップで、みなさんには手足となって動いてもらう、みたいな感覚になりがちで、専門用語をバーッと言って、みんながわからなくてもお構いなしだったりして。だけどそもそも、子ども担当の弁護士なんて、子どもに週に一度、一時間ぐらいしか会っていなかったりするんです。一方で、二四時間、子どもと暮らしているスタッフもいるんですよね。

子どもは、自分と対等な関係になった大人にしかこころを開こうとしません。上から目線の大人には話をしてくれない。それと同じように、大人同士も対等な関係を築かなかったらつながれない。そのことを自覚していくのがとても大事な作業です。

それから、分野によって考え方や言葉遣い、文化が違う部分がありますよね。たとえば弁護士は、主張して立証して自分の言いたいところに到達するというような発想をするんですが、行政の方たちは、根回しをして一つひとつ合意をとって、最終的に全体の合意を作る、といった文化があります。そういう文化の違いを理解する姿勢がなかったら、他分野の人たちとはつながれない。

自分たちの立ち位置を振り返り、他分野の文化を理解する、そういう訓練を積んでいくことが、チームを作るためには必要です。だから他の分野の方に対してどうというよりは、信頼してもらえる弁護士になるためには自分たちはどうしたらいいんだろう、という感じです。

松本　その点は、医者もけっこう傲慢だったり、独自の言葉を何の説明もなしに言ったりすることがありますよね。

坪井　そこは上手に、「お医者さまはお忙しいので、私どもが先生の診察室に参りますので、そこでケース会議をお願いいたします」なんです。下手に出て参加していただく。

松本　「ナントカとハサミは使いよう」みたいな（笑）。

坪井　いやいや（笑）。でも、子どものための支援って、資格とか職種じゃないと思うんです。商人でも御用聞きでも何でもいいじゃない、という感覚です。私がそうした姿勢で動くのを見せると、若い弁護士たちは「弁護士って偉くなくていいんだ」「こんなに頭を下げていいんだ」「子どもに『ごめんね』って言ってもいいんだ」と学んでくれます。それがチームワークの基点になる気がしますね。

松本　生越先生も、ＮＰＯの活動などでいろんな立場の方と連携されていますよね。

生越　はい。坪井先生が冒頭におっしゃったように、死にたいという気持ちを抱えた人、あるいはご遺族に接するときに、弁護士がやれることってほとんどないんです。まずそのことを自覚することが入り口として重要だと思います。弁護士って、どうしても視野が狭くなってしまう商売なんです。というのは、もともといろんな生の事実があるわけですけど、それに法律という定規を当てはめて評価していく。しかしそれをずっとやっていると、法律という定規に当てはまる事実しか見なくなるんです。だから、たとえば子どもの自殺の問題でも、法的な一部分を切り出して処理することは、弁護士は得意です。でも現実は法律という定規に当てはまることだけじゃないので、やはり謙虚になることが大事だと思います。

それと、「その場に居続ける」ということがとても大切だと思っています。そういう人が各専門家の中にいると、チームとして機能するんですよね。だから、自分たちにできることはほとんどないんだと思いつつ、でもその場に居続けて、かかわり続ける。そういう人が集まれば、チームワークはおのずと取れると思います。

支援者へのメッセージ

松本　若い弁護士の方で、薬物事件の刑事弁護などをされている方も多いと思いますが、精神保健福祉士や公認心理師の資格をもっている方もけっこう多くて、単に法律家としてだけではなく、支援者のような形で動く方がちらほらいるように感じています。民間団体の理事などをされている方も多いですよね。ほとんどお金にならないというか、自分のプライベートを犠牲にしているような方もいます。そういった方を含めて、若い世代の支援者たちに対してお二人から伝えたいメッセージがあれば、聞かせていただけるでしょうか。

坪井　カリヨンのシェルターは今、全国に一九ヵ所ありますが、それぞれの地域で、私から見ても「どうしてそんなに一生懸命やってくれるの？」と思うような若い人たちがたくさんいるんです。弁護士法にある「人権の擁護と社会正義の実現を使命とし」の精神をもって弁護士になっている人も、まだまだいるんだと思います。

子どもの人権などの研修のときに私がいつも言うのは、たしかに子どもの事件は大変で、一件やるとそれに二～三ヵ月かかるので他の仕事にしわ寄せがいく。でも、年に一件でも二年に一件でもいいから、現場に行って苦しんでいる子どもたちの話を本気で聞き、そこにある課題を一緒に整理して、何をしなきゃいけないかを、いろんな方たちと役割分担しながら考える、その中で弁護士の役割を果たしていくという活動をすると、弁護士としての力量がすごく上がるということです。子どもの話を聞けたら大人の話なんて怖くないですからね。

弁護士は無力だって言いましたけど、できることもちゃんとあります。たとえば慰謝料請求とか告訴とか、最終的にそれをするかどうかは別として、「あなたにはそういうことをする権利がある」と伝えてあげることによって、自分自身を責めてきた、虐待を受けている子どもたちをエンパワーすることもできる。そういう意味で、弁護士は子どもの味方になれるし、子どもにとってすごく大きな武器をもった存在になれるんです。そのことは伝えたいですね。

生越　私が若い弁護士たちに伝えたいのは、先ほどお話しした謙虚さは絶対必要なんですけど、寄り添うだけでは困りますよ、ということです。『医龍』（永井明原案、乃木坂太郎作画）という漫画がありますが、その中で主人公が「技術のない外科医は、それだけで罪だ」と言うんです。私も若い弁護士によく言うのは、自分の家族が重い病気になったら、どんなお医者さんに手術をしてほしいか。すごく人当たりがいいけどオペが下手な先生か、ちょっととっつきにくいけど腕のいい先生、どちらがいいか。そう聞いたら、後者と答えるのですよ、みんな。弁護士もそれと同じような厳しい立場にいることを自覚する必要があると思います。

　自殺や子どもの問題になると、そこにかかわるだけで満足してしまうような傾向がみえることもあります。もちろん家族の話に耳を傾けることも大事ですけど、法律家として訴訟をする能力や証拠を集める能力についても日々努力をし続けないと、いい仕事はできない。ご家族を亡くした苦しい中で依頼をいただいているわけだから、法律家として一流でないといけないといつも言っています。

　その一方で、私自身が依頼者から言われて褒め言葉だなと思うのは、法廷で尋問した後、「先生、今日、弁護士みたいでしたよ」という言葉です。自分が専門家だということは、普段は依頼者に感じさせちゃいけないと思うんですね。自分が扱えているのは依頼者の問題の一部だという謙虚さを身につけたうえで、依頼者の信頼を得ながら一流の仕事ができるような弁護士に、若い人たちにはなってほしいと思います。

坪井　最後にもう一つ。私がカリヨンの職員や児童相談所の方たちにお話をするときに、必ず言っていることがあります。それは、労働者の権利が保障されていない現場で、子どもの権利は保障されません、ということです。支援する側の大人が人間として幸せで平和で、自分たちの権利が守られている状況にならなければ、子どもの権利保障はできない。つらかったらつらいと言い、おかしいと思ったらおかしいと言う。それは自分勝手なことじゃなくて、自分たちが幸せになれば、それが子どもの権利保障につながります。だからサービス残業が当たり前とか、育児休暇を取れないとか、そういう現状に甘んじていてはいけないんです。

松本　大人こそ「助けて」をきちんと言っていかないといけないということですね。非常に大切なメッセージを最後にいただいたと思います。本日は、ありがとうございました。

（二〇二三年三月六日収録）

坪井節子（つぼい・せつこ）

社会福祉法人カリヨン子どもセンター理事。弁護士。一九五三年生まれ。早稲田大学第一文学部卒業。東京弁護士会子どもの人権救済センター相談員、東京弁護士会子どもの人権と少年法に関する委員会委員などを歴任、子どもの人権救済活動に携わる。二〇〇四年には日本で初となる「子どもシェルター」を開始。著書に『困難を抱える子どもにどう寄り添うか』（ジアース教育新社）などがある。

生越照幸（おごし・てるゆき）

弁護士法人ライフパートナー法律事務所代表。弁護士。一九七〇年生まれ。東北大学工学部卒業、同大学院国際文化研究科修了。過労死・過労自殺などの労働問題や自死遺族の法的支援に携わる。自殺対策全国民間ネットワーク幹事、自死遺族支援弁護団事務局長、京都自死・自殺相談センターSotto理事長。著書に『自殺問題と法的支援―法律家による支援と連携のこれから』（編、日本評論社）などがある。

11　生まれてこなければよかったと思っているあなたへ

1 —— 針間克己「LGBTの基本的理解と現況」『小児保健研究』79巻、114-118頁、2020年

2 —— APA Task Force on Psychological Practice with Sexual Minority Persons: APA guidelines for psychological practice with sexual minority persons. Approved by APA council of representatives, 2021.

3 —— 日本プライマリ・ケア連合学会「日本プライマリ・ケア連合学会の健康格差に対する見解と行動指針　第2版」2022年（https://www.primary-care.or.jp/sdh/fulltext-pdf/pdf/fulltext.pdf）

4 —— United States Department of Health and Human Services: Healthy People.（https://www.healthypeople.gov/2020/topics-objectives/topic/lesbian-gay-bisexual-and-transgender-health）

5 —— 熊谷晋一郎、伊藤亜紗、野澤和弘他『わたしの身体はままならない―〈障害者のリアルに迫るゼミ〉特別講義』河出書房新社、2020年

6 —— Raifman, J., Moscoe, E., Austin, S.B. et al.: Difference-in-differences analysis of the association between state same-sex marriage policies and adolescent suicide attempts. *JAMA Pediatr* 171: 350-356, 2017.

7 —— Hatzenbuehler, M.L., McLaughlin, K.A., Keyes, K.M. et al.: The impact of institutional discrimination on psychiatric disorders in lesbian, gay, and bisexual populations: a prospective study. *Am J Public Health* 100: 452-459, 2010.

8 —— International Lesbian, Gay, Bisexual, Trans and Intersex Association「性的指向に関する世界の法制度」（https://ilga.org/downloads/JPN_ILGA_World_map_sexual_orientation_laws_dec2020.pdf）

9 —— Link, B.G., Phelan, J.C.: Conceptualizing stigma. *Annu Rev Sociol* 27: 363-385, 2001.

10 ——ケネス・J・ガーゲン、メアリー・ガーゲン（伊藤守監訳）『現実はいつも対話から生まれる―社会構成主義入門』ディスカヴァー・トゥエンティワン、2018年

11 ——NPO法人EMA日本「世界の同性婚」（http://emajapan.org/promssm/world）

7 —— 内田龍史「児童養護施設生活者／経験者のアイデンティティ問題」西田芳正編『児童養護施設と社会的排除—家族依存社会の臨界』158-177頁、解放出版社、2011年
8 —— 永野咲、有村大士「社会的養護措置解除後の生活実態とデプリベーション—二次分析による仮説生成と一次データからの示唆」『社会福祉学』54巻、28-40頁、2014年
9 —— こども家庭庁支援局家庭福祉課「社会的養育の推進に向けて」2022年
10 —— 宮地尚子『環状島＝トラウマの地政学』みすず書房、2007年
11 —— 永野咲「社会的養護における当事者参画—環状島の上から『叫ぶ』」栄留里美、長瀬正子、永野咲『子どもアドボカシーと当事者参画のモヤモヤとこれから—子どもの「声」を大切にする社会ってどんなこと?』95-130頁、明石書店、2021年
12 —— 宮地尚子編『環状島へようこそ—トラウマのポリフォニー』日本評論社、2021年
13 —— International Foster Care Alliance『ストラテジック・シェアリング—Strategic Sharing』2015年
14 —— 三菱UFJリサーチ＆コンサルティング「令和2年度子ども・子育て支援推進調査研究事業 児童養護施設等への入所措置や里親委託等が解除された者の実態把握に関する全国調査報告書」2021年（https://www.murc.jp/wp-content/uploads/2021/04/koukai_210430_1.pdf）
15 —— アイデ・クーザ「当事者参画に力をそそぐ—子ども家庭福祉システムを愛情に基づいたものに変革するために」『子どもの虐待とネグレクト』21巻、32-45頁、2019年

Ⅱ 「助けて」が言えないあなたへ——当事者へのメッセージ

3 つらい記憶が頭から離れないのに「助けて」と言えない

・公益社団法人被害者支援都民センター（https://www.shien.or.jp/）
・特定非営利活動法人チャイルドライン支援センター「チャイルドライン」（https://childline.or.jp/）
・若草プロジェクト「まちなか保健室」（https://www.wakakusa.jp.net/）
・内閣府「Curetime」（https://curetime.jp/）
・内閣府男女共同参画局「性犯罪・性暴力被害者のためのワンストップ支援センター一覧」（https://www.gender.go.jp/policy/no_violence/seibouryoku/consult.html）
・内閣府男女共同参画局「男女間における暴力に関する調査」（https://www.gender.go.jp/policy/no_violence/e-vaw/chousa/h11_top.html）
・さいきまこ『言えないことをしたのは誰?』講談社（Kissコミックス）

4 「助けて」という気持ちをクスリと一緒に飲み込んでしまう

1 —— Rodham, K., Hawton, K., Evans, E.: Reasons for deliberate self-harm: comparison of self-poisoners and self-cutters in a community sample of adolescents. *J Am Acad Child Adolesc Psychiatry* 43: 80-87, 2004.

・岡崎勝編『学校に行かない子との暮らし』(『おそい・はやい・ひくい・たかい』106号)ジャパンマシニスト社、2019年
・内田良子『「不登校」「ひきこもり」の子どもが一歩を踏みだすとき』(『おそい・はやい・ひくい・たかい』109号)ジャパンマシニスト社、2020年

7　家族の〈叱る依存〉で無力化されてしまう子どもの心理

1—— de Quervain, D.J.-F., Fischbacher, U., Treyer, V. et al.: The neural basis of altruistic punishment. *Science* 305: 1254-1258, 2004.

2—— 村中直人『〈叱る依存〉がとまらない』紀伊國屋書店、2022年

3—— Brethel-Haurwitz, K.M., Stoycos, S.A., Cardinale, E.M. et al.: Is costly punishment altruistic? Exploring rejection of unfair offers in the ultimatum game in real-world altruists. *Sci Rep* 6, 18974, 2016. (doi: 10.1038/srep18974)

4—— Rodrigues, J., Liesner, M., Reutter, M. et al.: It's costly punishment, not altruistic: low midfrontal theta and state anger predict punishment. *Psychophysiology* 57, e13557, 2020. (doi: 10.1111/psyp.13557)

5—— Seligman, M.E., Maier, S.F.: Failure to escape traumatic shock. *J Exp Psychol* 74: 1-9, 1967.

6—— Maier, S.F., Seligman, M.E.: Learned helplessness at fifty: insights from neuroscience. *Psychol Rev* 123: 349-367, 2016.

9　社会とつながりたいのにつながれない

1—— 少年の社会復帰に関する研究会編『社会のなかの「少年院」—排除された子どもたちを再び迎えるために』作品社、2021年

10　「助けて」と言ったら助かる社会に

1—— 永野咲「社会的養護を経験した若者はコロナ禍をどう生きたか—IFCAプロジェクトCアンケート調査結果から」『世界の児童と母性』89巻、59-63頁、2021年

2—— Dahrendorf, R.: *Der moderne soziale Konflikt: Essay zur Politik der Freiheit*. Deutsche Verlags-Anstalt, 1992. (加藤秀治郎、檜山雅人訳『現代の社会紛争』世界思想社、2001年)

3—— International Foster Care Alliance『ユースとサポーティブ・アダルトの生涯をつうじた、家族のようなつながり パーマネンシー・パクト—児童養護施設や里親家庭で育つ若者たちのパーマネンシーを築くためのツール(日本語版)』2019年

4—— 厚生労働省「児童養護施設入所児童等調査」2020年

5—— 永野咲『社会的養護のもとで育つ若者の「ライフチャンス」—選択肢とつながりの保障、「生の不安定さ」からの解放を求めて』明石書店、2017年

6—— 田中理絵『家族崩壊と子どものスティグマ—家族崩壊後の子どもの社会化研究』九州大学出版会、2004年

hospital-treated self-harm. *Int J Environ Res Public Health* 15: 1235, 2018.
10 ── 国立成育医療研究センター コロナ×こども本部「コロナ×こどもアンケート 第7回調査 報告書」2022年（https://www.ncchd.go.jp/center/activity/covid19_kodomo/report/CxC7_repo.pdf）
11 ── Berger, E., Hasking, P., Martin, G.: 'Listen to them': adolescents' views on helping young people who self-injure. *J Adolesc* 36: 935-945, 2013.
12── Sinclair, J., Green, J.: Understanding resolution of deliberate self harm: qualitative interview study of patients' experiences. *BMJ* 330: 1112, 2005.
13── Evans, E., Hawton, K., Rodham, K.: In what ways are adolescents who engage in self-harm or experience thoughts of self-harm different in terms of help-seeking, communication and coping strategies? *J Adolesc* 28: 573-587, 2005.

3 「なんで私、こんな苦しいんやろう」と思ったけど

1 ── 「ヤングケアラーの実態に関する調査研究報告書」三菱UFJリサーチ＆コンサルティング、2020年（https://www.murc.jp/wp-content/uploads/2021/04/koukai_210412_7.pdf）
2 ── 「令和4年度 府立高校におけるヤングケアラーに関する調査結果について」大阪府、2022年（https://www.pref.osaka.lg.jp/hodo/attach/hodo-46169_4.pdf）
3── 村上靖彦『「ヤングケアラー」とは誰か―家族を“気づかう”子どもたちの孤立』朝日選書、2022年
4── 村上靖彦『子どもたちがつくる町―大阪・西成の子育て支援』世界思想社、2021年
5── 野坂祐子『トラウマインフォームドケア―“問題行動”を捉えなおす援助の視点』日本評論社、2019年
6 ── 村上靖彦「親への支援から見たネグレクト」『小児内科』54巻、1781-1786頁、2022年

4 子どもたちは、なぜ教室で「助けて」と言えないのか

1── 中川諒『いくつになっても恥をかける人になる』ディスカヴァー・トゥエンティワン、2021年
2── 赤木和重『子育てのノロイをほぐしましょう―発達障害の子どもに学ぶ』日本評論社、2021年
3── 赤坂真二『学級経営大全―1ランク上の指導力を! 学級経営力アップ6つのポイント』明治図書出版、2020年
4── 内田良「生徒を信じるということ」『月刊生徒指導』53巻、18-21頁、2023年
5── 川上康則『教室マルトリートメント』東洋館出版社、2022年

5 「助けて」と言えずに不登校を続ける子どもたち

・岡崎勝『子どもってワケわからん!』批評社、2019年
・岡崎勝編「親の生きづらさ―子どもを育てるということ」（『こころの科学』193号特別企画）2017年
・岡崎勝編『「平成」の子育ては、なぜ難しかったのか。』（『おそい・はやい・ひくい・たかい』102号）ジャパンマシニスト社、2018年

参考文献

I 「助けて」が言えない子どもたちにどうかかわるか——支援者へのメッセージ

1 大人は子どもの「助けて」を受け止められているか?

1—— 厚生労働省「自殺の統計—地域における自殺の基礎資料」(https://www.mhlw.go.jp/stf/seisakunitsuite/bunya/0000140901.html)

2—— 文部科学省「児童生徒の自殺予防に向けた困難な事態、強い心理的負担を受けた場合等における対処の仕方を身に付ける等のための教育の推進について(通知)」2018年(https://www.mext.go.jp/a_menu/shotou/seitoshidou/1408025.htm)

3—— 文部科学省「児童生徒の自殺対策について」2022年(https://www.mhlw.go.jp/content/12201000/000900898.pdf)

2 「助けて」の代わりに自分を傷つけてしまう心理

1—— Hawton, K., Bergen, H., Cooper, J. et al.: Suicide following self-harm: findings from the multicentre study of self-harm in England, 2000-2012. *J Affect Disord* 175: 147-151, 2015.

2—— Owens, D., Horrocks, J., House, A.: Fatal and non-fatal repetition of self-harm. Systematic review. *Br J Psychiatry* 181: 193-199, 2002.

3—— Liu, R.T., Walsh, R.F.L., Sheehan, A.E. et al.: Prevalence and correlates of suicide and nonsuicidal self-injury in children: a systematic review and meta-analysis. *JAMA Psychiatry* 79: 718-726, 2022.

4—— Gillies, D., Christou, M.A., Dixon, A.C. et al.: Prevalence and characteristics of self-harm in adolescents: meta-analyses of community-based studies 1990-2015. *J Am Acad Child Adolesc Psychiatry* 57: 733-741, 2018.

5—— 飯島有哉、桂川泰典「本邦における自傷行為の実態に関する系統的レビュー」『早稲田大学臨床心理学研究』19巻、119-127頁、2019年

6—— 国立成育医療研究センター コロナ×こども本部「コロナ禍における思春期のこどもとその保護者のこころの実態報告書」2022年(https://www.ncchd.go.jp/center/activity/covid19_kodomo/report/CxCN_repo.pdf)

7—— Pritchard, T.R., Fedchenko, C.A., Lewis, S.P.: Self-injury is my drug: the functions of describing nonsuicidal self-injury as an addiction. *J Nerv Ment Dis* 209: 628-635, 2021.

8—— Russell, A.E., Joinson, C., Roberts, E. et al.: Childhood adversity, pubertal timing and self-harm: a longitudinal cohort study. *Psychol Med*, 2021. (doi: 10.1017/S0033291721000611)

9—— Cleare, S., Wetherall, K., Clark, A. et al.: Adverse childhood experiences and

本書は、『こころの科学』二二六号（二〇二二年一一月号）特別企画「「助けて」が言えない 子ども編」を増補のうえ書籍化したものです。

編者　松本俊彦《まつもと・としひこ》

国立精神・神経医療研究センター精神保健研究所薬物依存研究部部長。1993年佐賀医科大学卒業。横浜市立大学医学部附属病院にて臨床研修修了後、国立横浜病院精神科、神奈川県立精神医療センター、横浜市立大学医学部附属病院精神科を経て、2004年に国立精神・神経センター（現、国立精神・神経医療研究センター）精神保健研究所司法精神医学研究部専門医療・社会復帰研究室長に就任。以後、同研究所自殺予防総合対策センター自殺実態分析室長、同副センター長を歴任し、2015年より現職。2017年より国立精神・神経医療研究センター病院薬物依存症センターセンター長を併任。
著書に『薬物依存の理解と援助』（金剛出版）、『自傷行為の理解と援助』（日本評論社）、『アディクションとしての自傷』（星和書店）、『薬物依存とアディクション精神医学』（金剛出版）、『自傷・自殺する子どもたち』（合同出版）、『アルコールとうつ・自殺』（岩波ブックレット）、『自分を傷つけずにはいられない』（講談社）、『もしも「死にたい」と言われたら』（中外医学社）、『SMARPP-24物質使用障害治療プログラム』（共著、金剛出版）、『よくわかるSMARPP』（金剛出版）、『薬物依存臨床の焦点』（金剛出版）、『ハームリダクションとは何か』（共著、中外医学社）、『薬物依存症』（ちくま新書）、『誰がために医師はいる』（みすず書房）、『「助けて」が言えない』『「死にたい」に現場で向き合う』『アディクション・スタディーズ』（いずれも編著、日本評論社）などがある。

「助《たす》けて」が言《い》えない　子《こ》ども編《へん》

2023年7月10日　第1版第1刷発行
2024年8月10日　第1版第3刷発行

編者　松本俊彦
発行所　株式会社 日本評論社
〒170-8474 東京都豊島区南大塚3-12-4
電話：03-3987-8621［販売］　03-3987-8598［編集］
印刷所　港北メディアサービス
製本所　難波製本
カバー＋本文デザイン　粕谷浩義（StruColor）

ISBN978-4-535-56424-4